幼儿园

区域活动系列化材料

主　编：庄爱平　张　慧　吴宝珊

副主编：李以盛　谭　佳　纪秀琴

现代教育出版社

图书在版编目（CIP）数据

幼儿园区域活动系列化材料/庄爱平，张慧，吴宝珊主编. —北京：现代教育出版社，2015.7

ISBN 978 - 7 - 5106 - 3143 - 6

Ⅰ.①幼…　Ⅱ.①庄…②张…③吴…　Ⅲ.①活动课程 - 学前教育 - 教学参考资料　Ⅳ.①G613

中国版本图书馆 CIP 数据核字（2015）第 158884 号

书　　　名：幼儿园区域活动系列化材料

主　　　编：庄爱平　张　慧　吴宝珊

责任编辑：张轶唯　李　叶

封面设计：雅思雅特

出版发行：现代教育出版社

社　　　址：北京市朝阳区安华里 504 号 E 座

邮　　　编：100011

电　　　话：（010）64244927

传　　　真：（010）64251256

印　　　刷：北京市德龙公防防伪印刷厂

纸张规格：787mm×1092mm

开　　　本：16

印　　　张：15.25

字　　　数：285 千字

版　　　次：2015 年 8 月第 1 版

印　　　次：2015 年 8 月第 1 次印刷

书　　　号：ISBN 978 - 7 - 5106 - 3143 - 6

定　　　价：35.80 元

序　言

　　历经两年，集一幼全体教师辛勤和智慧的《幼儿园区域活动系列化材料》即将汇编成册，在此表示我的祝贺，并对一幼教师的辛勤工作表示由衷的敬意。

　　区域活动是促进幼儿主体性充分发展的重要形式，它为幼儿所喜欢，能够满足幼儿个性化的需要，在这里，幼儿可以获得愉快、释放个性。区域材料承载着区域活动的教育功能，是区域活动的生命所在，然而，对于投放什么材料、如何投放材料，特别是对于如何有计划地在各个年龄班、各个区域投放材料，广大幼儿教师存在着诸多困惑。一幼老师不畏困难，勇敢地进行了艰苦的探索，值得让人敬佩，相信此书的出版，必将给广大幼儿教师在区域材料的投放及指导方面带来重要的帮助。

　　《幼儿园区域活动系列化材料》主要有二部分内容，一部分是"区域材料投放计划"，它以月份为单位对区域材料进行了安排，既体现了各区域材料安排上的连续性和递进性，又重视与领域活动与主题活动的联系和融合。另一部分是"区域材料玩法表"，这一部分区域材料的选择与投放则力求体现兴趣性、目的性、适合性和生活性等特点。可以说，各年龄区域活动材料的系列化投放是依据教育目标，立足幼儿实际的基础进行的，具有较强的科学性。

　　幼儿园的教育研究是在一定的学园文化背景下进行的，它必然带有园本特色和研究者个人的主观色彩。一项研究成果对于本园本班是合适的、是有效的，而对于其他幼儿园、其他班级则有个适应性问题。希望幼儿教师在使用本书时，应因时因地因人而制宜，本着学习、借鉴、消化、调整、创新的精神，对待本书所选择和确定的区域材料，使之成为教师们开展区域活动的好帮手，同时希望幼教界同仁在使用的过程对其不足之处不吝赐教，以助其进一步修改和完善。

　　幼教研究是辛苦的，幼教研究过程有苦也有乐，只有我们坚持不舍，幼教之花必将更加璀璨。

泉州幼儿师范高等专科学校：庄爱平

目 录
contents

小班

小班美工区材料投放计划表 ……………………………………………… 3
小班美工区材料玩法表 …………………………………………………… 5
小班美工区材料投放表 …………………………………………………… 6
小班数学区材料投放计划表 ……………………………………………… 16
小班数学区材料投放表 …………………………………………………… 18
小班音乐区材料投放计划表 ……………………………………………… 29
小班音乐区材料玩法表 …………………………………………………… 31
小班语言区材料投放计划表 ……………………………………………… 42
小班语言区材料玩法表 …………………………………………………… 44
小班自理区材料投放计划表 ……………………………………………… 55

中班

中班动手区材料投放计划表 ……………………………………………… 57
中班动手区材料投放表 …………………………………………………… 59
中班科学区材料投放计划 ………………………………………………… 70
中班科学区材料玩法表 …………………………………………………… 72
中班科学区材料投放表 …………………………………………………… 73
中班美工区材料投放计划 ………………………………………………… 83
中班美工区材料玩法表 …………………………………………………… 85
中班数学区材料投放计划表 ……………………………………………… 96
中班数学区材料玩法表 …………………………………………………… 98
中班音乐区材料投放计划表 ……………………………………………… 109
中班音乐区材料玩法表 …………………………………………………… 111

中班音乐区材料投放表 ………………………………………… 112

中班语言区目标、材料投放计划 ……………………………… 122

中班语言区材料玩法表 ………………………………………… 124

大班

大班科学区材料投放计划表 …………………………………… 135

大班科学区上学期材料表 ……………………………………… 137

大班科学区材料表 ……………………………………………… 142

大班美工区材料投放计划表 …………………………………… 148

大班美工区材料玩法表 ………………………………………… 150

大班生活区材料投放计划表 …………………………………… 161

大班生活区材料玩法表 ………………………………………… 163

大班数学区材料投放计划表 …………………………………… 174

大班数学区材料玩法表 ………………………………………… 176

大班益智区材料投放计划表 …………………………………… 187

大班益智区阶段目标与材料提供 ……………………………… 188

大班益智区材料玩法表 ………………………………………… 189

大班益智区材料投放表 ………………………………………… 190

大班音乐区材料投放计划表 …………………………………… 200

大班音乐区材料玩法表 ………………………………………… 202

大班语言区材料投放计划表 …………………………………… 213

大班语言区阶段目标与材料提供 ……………………………… 214

大班语言区材料玩法表 ………………………………………… 215

幼儿园区域材料投放

动手区 …………………………………………………………… 226

数学区 …………………………………………………………… 227

科学区 …………………………………………………………… 228

结构区 …………………………………………………………… 229

美工区 …………………………………………………………… 230

语言区 …………………………………………………………… 231

音乐区 …………………………………………………………… 232

区域环境区 ……………………………………………………… 233

目标体系

我国的教育目的

教育必须为社会主义现代化建设服务，必须与生产劳动相结合，培养德、智、体等方面全面发展的社会主义事业的建设者和接班人。

↓

幼儿园教育目标

实行保育与教育相结合的原则，对幼儿实施体、智、德美诸方面全面发展的教育，促进其身心和谐发展。

区域活动目标

（健康）	（语言）	（社会）	（科学）	（艺术）
1. 在区域活动中保持良好的情绪状态。 2. 知道必要的安全保健常识，学会保护自己。 3. 培养良好的生活卫生习惯，增强生活自理能力。 4. 促进幼儿小肌肉动作的发展，提高手指的灵活性。	1. 愿意交谈、愿意阅读。 2. 喜欢听、懂得听。 3. 会说、敢说、懂得交谈，养成良好的交谈习惯。 4. 发展幼儿的阅读能力。	1. 丰富幼儿的社会经验，形成良好的社会性情感。 2. 乐于与人交往，发展幼儿的交往能力。 3. 理解并遵守社会行为规则，形成积极的生活态度。	1. 对周围世界及自然现象有好奇心和求知欲。 2. 能用各种感官、手段、方法、动手动脑、主动探索问题。能用适当的方式表达、交流探索的过程和结果。 3. 获得科学知识、积累科学经验、掌握科学技术。	1. 喜欢参与区域艺术活动，从中获得美的感受。 2. 能用自己喜欢的方式大胆表达自己的情感与体验。 3. 获得必要的艺术表现的技能技巧。 4. 积累简单的艺术经验。

↓

各 年 龄 班 区 域 活 动 目 标

↓

	小 班	中 班	大 班
健康	1. 愿意参与区域活动。 2. 在使用玩具时注意安全，不随意把玩具放在口里或用手打人。 3. 学会堆高、延长、围拢、拼插、搭建简单物体。 4. 会进行穿、扣、拣、嵌、搓等操作活动，学习简单的自理技能。	1. 能积极、愉快地参与区域活动，能控制不良的行为和情绪。 2. 知道一些交通安全常识和一般卫生常识。 3. 会用连接、围合、平衡、对称、垒高搭建较复杂物体，并使用辅助工具与材料。 4. 会进行拧、旋、捡等操作动作。	1. 能主动参与区域活动，能调节自己的情绪，保持良好的情绪状态。 2. 具有自我保护的知识和经验。 3. 会用多种技能，多种材料、多种工具搭建复杂的、大型的造型。 4. 会五指协调地进行各种操作活动。
语言	1. 愿意参与阅读、听故事等活动。 2. 能注意听别人讲话，并理解其意思。 3. 操作简单的材料，并清楚地讲述其中的主要内容。 4. 愿意用普通话与人交谈。 5. 正确拿书，并会一页一页翻看。	1. 能积极、愉快地参与区域活动，能控制不良的行为和情绪。 2. 能初步倾听别人讲话，并理解其意思。 3. 能操作所提供的材料，大方、较连贯地讲述，有表情地朗诵。 4. 能用普通话与人交谈、态度自然。 5. 初步会按顺序，边看边讲述。	1. 对阅读等表现出较大的兴趣。 2. 能耐心倾听别人讲话，并能立即。 3. 较好地操作材料，连贯地、创造性地讲述，生动地朗读。 4. 自觉用普通话与人交谈。 5. 具有初步的阅读能力。
社会	1. 丰富有关家庭、幼儿园、社区的认识，形成初步的社会性情感。 2. 喜欢与同伴一起玩，不争抢玩具。 3. 爱护玩具、遵守简单的游戏规则，在成人的帮助、指导下，愿意把玩具放回原位。	1. 丰富有关集体、家乡的认识，有初步的爱家乡情感。 2. 愿意关心、帮助同伴，在成人引导下，学习解决同伴间的小纠纷。 3. 爱惜玩具，遵守游戏规则，主动收拾玩具，保持区角的整洁。	1. 丰富有关祖国的认识，具有初步的爱国情感。 2. 能与同伴合作地玩，能解决活动中出现的小纠纷，小问题。 3. 珍惜操作成果，主动收拾玩具、整理区角，保持区角的美观。
科学	1. 愿意参与科学活动，对科学具有好奇心，喜爱动植物。 2. 在老师的帮助下，用各种简单方法、技能进行探索、表达与交流。 3. 积累粗浅的科学经验，初步感受科学与幼儿生活的关系。	1. 积极参与科学活动，对科学有兴趣，能关心爱护、植物。 2. 在老师的适当引导、帮助下能用各种方法、技能进行探索、表达与交流。 3. 积累科学经验，了解事物、现象、环境及人们之间的关系。	1. 对科学活动表现出较大的热情，能主动关心、爱护动、植物。 2. 能主动地运用各种方法、技能进行探索、表达、交流。 3. 积累较为丰富的科学经验，形成初步的概念，理解事物。
艺术	1. 愿意参加艺术活动、初步感受音乐美、色彩美、造型美。 2. 能用简单的技能及方法，表现自己对美的感受。 3. 积累进行音乐、美术活动的简单经验。	1. 积累参与艺术活动，扩大对艺术美的感受范围。 2. 能用较复杂的艺术技能和方法大胆表现自己的感受与想象。 3. 丰富有关音乐、美术活动的经验。	1. 对艺术活动表现出较大的兴趣，感受不同风格的艺术美。 2. 能用综合的技能和手段，创造性地表现对周围生活的美好情感。 3. 进一步丰富在关音乐、美术活动的经验，并自觉用积累的经验进行创作与评价

小班美工区材料投放计划表

阶段期限	阶段目标	周次	材料准备 名称	材料准备 材料
九月份	1. 对美工活动产生兴趣，喜欢涂鸦，愿意参与涂色活动。 2. 能大胆地进行大面积地涂色。 3. 初步懂得爱惜材料。	1	奇妙的笔宝宝	图画纸、油画棒、炫彩棒、报纸等
		2	好吃的东西	画有各种食物图案的纸、棉签、颜料、大嘴巴盒子等
		3	秋天的树叶	棉签、颜料、树叶图等
		4	我为朋友送新衣	图画纸、水粉颜料、胶水、棉签、彩色纸条
十月份	1. 愿意参与玩色游戏。 2. 尝试使用颜料点、印、滚作画。 3. 能保持衣服、桌面的整洁。	1	小手印印	颜料、抹布、调色盘等。
		2	花儿朵朵	废报纸、颜料、调色盘、图画纸、油画棒
		3	漂亮的腰带	长方形、腰带形状的纸、浆糊、印章、印泥
		4	滚珠画	颜料、调色盘、窗花、玻璃珠、小汤匙
十一月份	1. 愿意参与撕贴活动。 2. 尝试简单的定位粘贴，掌握撕贴等技能。 3. 初步具有良好的卫生习惯，不乱扔纸屑。	1	撕纸真好玩	报纸、挂历纸、手工纸
		2	大苹果	红色手工纸若干，画有大苹果的轮廓图。
		3	喂小动物	边沿打洞的各种饼干图案，大嘴巴动物
		4	水果树	画有水果图样的纸若干、水果边沿打洞、大树背景
十二月份	1. 对泥塑感兴趣。 2. 能用揉搓表现简单的物体形象，初步感受色彩与造型的美。 3. 能有序地取放材料。	1	捏泥乐	橡皮泥、泥工板等
		2	圆形宝宝	范例汤圆、苹果、李子、棒棒糖等
		3	长长的世界	范例油条、萝卜、面条等
		4	做饭饭	碗、锅、玩具等

小班美工区材料投放计划表

阶段期限	阶段目标	周次	材料准备 名称	材料准备 材料
二、三月份	1. 喜欢剪纸，养成初步的良好的卫生习惯，不乱扔纸屑。 2. 尝试用正确的方法使用剪刀剪纸，并注意安全。 3. 积累剪纸的初步经验。	1	剪剪剪	报纸、挂历纸、手工纸、剪刀
		2	长长的面条	画有直线的纸若干、碗、锅等玩具
		3	好吃的饼干	画有三角形、长方形、正方形、梯形饼干的纸、大嘴巴动物玩具若干
		4	打扮春娃娃	画有娃娃头和身体轮廓的图、衣服图样的图画纸、油画棒、浆糊
四月份	1. 积极参与玩泥活动。 2. 能运用团圆、搓长、压扁的技能进行平面塑造。 3. 初步积累玩泥的经验。	1	好玩的橡皮泥	橡皮泥、泥工板、贝壳、纽扣、小珠子、盒子
		2	好吃的水果	橡皮泥、泥工板、篮子、小棒等辅助材料
		3	春天的花园	橡皮泥、泥工板、白瓷砖、牙签、小棒等辅助材料
		4	可爱的小娃娃	橡皮泥、泥工板、牙签、塑料花、小瓶子等辅助材料
五月份	1. 喜欢玩色游戏，能保持环境的整洁。 2. 尝试使用颜料运用滚、印、吹、染等技能作画。 3. 积累运用多种技能使用颜料的经验。	1	车轮滚滚	颜料、擦手巾、调色盘、玩具汽车的车轮
		2	实物印画	颜料、擦手巾、调色盘、萝卜、蘑菇等
		3	奇妙的水粉画	颜料、水粉笔、擦手巾、墨水、吸管、黑色卡纸
		4	花园	画有花园背景的图，水粉、调色盘、抹布
六月份	1. 喜欢参与折纸活动，懂得爱惜材料。 2. 尝试使用各种各样的纸盒、瓶子，并运用已有的粘、剪、画等技能，表现简单的物体形象，感受造型的美。	1	娃娃的礼物	方形的手工纸、折纸的流程图、范例若干、娃娃
		2	娃娃的房间	各种纸盒、瓶子、胶水、油画棒、水彩笔、颜料等
		3	美丽的太阳帽	实物太阳帽、记号笔、油画棒、浆糊、广告纸若干
		4	小小展览会	纸、油画棒、橡皮泥、泥工板、颜料等

小班美工区材料玩法表

编 号	D01	编·者	林芸
名 称	奇妙的笔宝宝		
材 料	油画棒、炫彩棒、报纸、图画纸		
玩 法	* 用油画棒、炫彩棒、在报纸上任意涂鸦，体验乐趣。 * 任意选择不同颜色的油画棒在画有图案的纸上任意涂色。 * 欣赏涂好颜色的图案。		

编 号	D02	编 者	林芸
名 称	好吃的东西		
材 料	画有各种食物图案的纸、颜料、调色盘、棉签、画有张大嘴巴的动物平面图		
玩 法	* 用棉签沾水粉颜料涂在画有各种食物图案的纸上。 * 将涂好颜色的食物图涂上糨糊，贴在大嘴巴上，并说说："我喜欢吃……"，做完后也可放在语言区让幼儿练习说短句。		

编 号	D03	编 者	林芸
名 称	秋天的树叶		
材 料	棉签、调色盘、颜料、树叶图、范例等		
玩 法	* 用棉签沾颜料给画有树叶轮廓图案的纸涂上颜色。 * 将涂好颜色的叶子贴在树的轮廓上。 * 说说自己用哪些颜色涂画。		

小班美工区材料投放表

编 号	D04	编 者	林芸
名 称	送新衣		
材 料	图画纸、水粉颜料、胶水、棉签、彩色纸条，四个贴有娃娃图案的衣柜图（位置可贴幼儿作品）		
玩 法	* 用棉签沾水粉颜料在衣帽图纸上随意画小圆圈、小圆点等加以装饰，把装饰好的小衣服贴到四个娃娃的衣柜里。 * 用彩色纸条撕成小纸片贴在小衣服上加以装饰，把装饰好的小衣服分类贴到四个娃娃的衣柜里。		

编 号	D05	编 者	林芸
名 称	小手印印		
材 料	颜色料、擦手巾、调色盘（手印画）抹布		
玩 法	* 在画好的图案轮廓内印手印，进行装饰。 * 在画好的背景上印手印，装饰背景。 * 在画好的树干边上印指印，形成花的图案。		

编 号	D06	编 者	林芸
名 称	花儿朵朵		
材 料	废报纸、颜料、调色盘、图画纸、油画棒		
玩 法	* 将废报纸任意团成纸团，并用纸团在调色盘里蘸上颜料，然后在纸上任意按压成图案。 * 待颜料干后，根据图案的形状，用油画棒、炫彩棒、添画上花柄和叶子，组成花的图案。		

小班美工区材料投放表

编　号	D07	编　者	林芸
名　称	漂亮的腰带		
材　料	长方形或腰带的形状的纸、浆糊、印章、印泥		
玩　法	＊ 在腰带模型上任意用印章印图案。 ＊ 在腰带模型上有规律地用印章印图案。 ＊ 在腰带模型上有规律地用印章印图案，并贴上小花，珠子等进行装饰。		

编　号	D08	编　者	林芸
名　称	滚珠画		
材　料	颜料、调色盘、窗花、玻璃珠、小汤匙。		
玩　法	＊ 用白色的纸剪好的窗花铺在盘底，用蘸有颜料的玻璃珠在盘里来回滚动，形成图案。 ＊ 取出窗花晾干后帖在窗子上进行装饰，布置活动室。 ＊ 先在纸上用油画棒画上自己喜欢的图，再将图铺在盘底，用蘸有颜料的玻璃珠在盘里来回滚动，装饰底色。		

编　号	D09	编　者	林芸
名　称	撕纸真好玩		
材　料	报纸、挂历纸、手工纸		
玩　法	＊ 任意撕纸，体验撕纸的乐趣。 ＊ 把撕碎的纸张贴在墙上或白纸上，并说说像什么。		

小班美工区材料投放表

编 号	D10	编 者	林芸
名 称	红红的大苹果		
材 料	红色手工纸若干，画有大苹果的轮廓图、棉签、浆糊、 抹布等		
玩 法	* 幼儿先将红色的手工纸张撕成碎片，再用浆糊粘贴在红苹果的轮廓线内。		

编 号	D11	编 者	林芸
名 称	喂小动物		
材 料	画有各种形状饼干的纸，饼干边沿有打洞，立体大嘴巴动物盒子		
玩 法	* 将边缘有打洞的各种形状的饼干撕下，放入大嘴巴的动物口中，可边说："小动物，请你吃饼干。" * 为饼干涂上自己喜欢的颜色表示不同的口味，如草莓味、巧克力味等，再沿边缘有打洞的各种形状的饼干撕下，放入大嘴巴的动物口中，并边说："小动物，请你吃***饼干。"		

编 号	D12	编 者	林芸
名 称	水果树		
材 料	画有各种颜色的水果的纸，水果边沿有打洞，大树的背景一幅		
玩 法	* 沿边缘有打洞的各种色彩的水果撕下。 * 将撕下的水果沾上糨糊贴到果树的轮廓背景上，并说说自己做了一棵什么树。		

小班美工区材料投放表

编 号	D13	编 者	林芸
名 称	捏泥乐		
材 料	橡皮泥、泥工板、各种印模等		
玩 法	* 任意捏泥，按自己的意愿把橡皮泥捏成任意的形状。 * 用各种印模把橡皮泥印成各种各样的形状，体验玩泥的乐趣。		

编 号	D14	编 者	林芸
名 称	圆形宝宝		
材 料	范例汤圆、苹果、李子、棒棒糖等等，橡皮泥、泥工板等		
玩 法	* 把橡皮泥团圆成汤圆、珠子等圆形的东西。 * 运用辅助材料将团好的圆制作成棒棒糖、苹果、李子等。 * 用做好的圆形进行简单组合，变化成其他东西，如冰糖葫芦、项链等		

编 号	D15	编 者	林芸
名 称	长长的世界		
材 料	范例油条、萝卜、面条等、橡皮泥、泥工板、盘子等		
玩 法	* 将橡皮泥搓成长条形，制作成面长，并把面条放在盘子里或碗里。 * 在搓成长条形的橡皮泥上添上叶子、小棒等，制作成冰棒、萝卜等。 * 也可用长条相互组成新的东西，如将两条搓长的橡皮泥拧成麻花、油条等。		

小班美工区材料投放表

编 号	D16	编 者	林芸
名 称	我也来做饭		
材 料	各种食品的玩具模型、橡皮泥、泥工板、牙签、玩具锅、碗		
玩 法	* 将橡皮泥团圆，制成汤圆、包子、馒头等食品放在小蒸笼里。 * 将橡皮泥做成长条形的食物如油条、面条等放在锅里，模仿妈妈做饭饭。		

编 号	D17	编 者	林芸
名 称	剪剪剪		
材 料	报纸、挂历纸、手工纸、剪刀		
玩 法	* 用剪刀任意剪不同质地的纸。 * 把报纸对折后再任意剪形状，翻开后形成图案。		

编 号	D18	编 者	林芸
名 称	好吃的面条		
材 料	画有直线条的不同的纸若干、碗、锅等玩具		
玩 法	* 引导幼儿用剪刀沿纸上的直线条剪成长长的纸条，把纸条放在锅和碗里当成面条。 * 用剪刀在没有画线的纸上剪面条。		

小班美工区材料投放表

编 号	D19	编 者	林芸
名 称	好吃的饼干		
材 料	画有三角形、长方形正方形、梯形等不同的形状的饼干的纸、大嘴巴动物玩具若干		
玩 法	* 用剪刀沿不同的图形的轮廓线剪下饼干，把它放入大嘴巴的动物中。 * 先把不同的形状的饼干涂上颜色，再剪下饼干，把它放在大嘴巴的动物中。		

编 号	D20	编 者	林芸
名 称	变魔术		
材 料	正方形、三角形、圆形的纸片若干，一部分画有线条（方便幼儿剪）		
玩 法	* 沿线条把纸片剪成长条形，中间不能断开。 * 选择没有划线的纸张，顺延纸张的外轮廓剪，和同伴比比谁的纸条剪得长，剪得细。		

编 号	D21	编 者	林芸
名 称	趣味镶嵌		
材 料	橡皮泥、泥工板 、贝壳、纽扣、小珠子、盒子		
玩 法	* 任意捏橡皮泥，体验泥的特性。 * 把橡皮泥团圆或捏成任意形状，在橡皮泥上镶上贝壳、纽扣、小珠子并放在盒子里，制作成五彩盒。 * 把橡皮泥搓长或捏成任意形状，有规律地在橡皮泥上镶上贝壳、纽扣、小珠子 制作成五彩项链、手环等等。		

小班美工区材料投放表

编　号	D22	编　者	林芸
名　称	甜甜的水果		
材　料	橡皮泥、泥工板、篮子、 牙签、树叶、小棒等辅助材料等		
玩　法	＊用橡皮泥团圆，制作成圆形的水果，把水果放在篮子里。 ＊用橡皮泥撮长，制作成长形的水果并用辅助物进行装饰，使水果更逼真。		

编　号	D23	编　者	林芸
名　称	春天的花园		
材　料	橡皮泥、泥工板、篮子、白瓷砖、牙签、小棒等辅助材料等		
玩　法	＊将橡皮泥搓成长条或其他形状，贴在白瓷砖上，组成春天的树林。 ＊用橡皮泥制作成小动物如：蜗牛、毛毛虫、等小动物，并把小动物贴在白瓷砖上，添上一些辅助的景物组成春天的景色。		

编　号	D24	编　者	林芸
名　称	泥娃娃		
材　料	橡皮泥、泥工板、 牙签、塑料花、小瓶子等辅助材料等		
玩　法	＊用橡皮泥团、撮、压、捏成眼睛、鼻子、嘴等五官，装饰在瓶子上，制作成小娃娃。 ＊用橡皮泥捏成小图形，小长条等图案装饰小娃娃。		

小班美工区材料投放表

编　号	D25	编　者	林芸
名　称	车轮滚滚		
材　料	颜料、擦手巾、调色盘、玩具汽车的车轮		
玩　法	* 将汽车的车轮沾上颜料，在白纸上任意印图案。 * 先在白纸上设计简单的线，再将沾有颜料的车轮沿着线滚印，组成简单的图。		

编　号	D26	编　者	林芸
名　称	实物印画		
材　料	颜料、擦手巾、调色盘、萝卜、蘑菇、图画纸等		
玩　法	* 将实物沾上适量的颜料后，在图画纸上任意印图。 * 事先设计自己想印的画，选择适合的材料进行印画，并进行简单的添画。		

编　号	D27	编　者	林芸
名　称	神奇的水粉		
材　料	颜料、水粉笔、擦手巾、墨水、吸管、黑色卡纸		
玩　法	* 在黑色卡纸上，用水粉笔大胆作画。 * 可沾多些水粉在黑色卡纸上画任意图案，并让颜料在卡纸上流动，互相融合，组成新的图案，产生色彩交融的效果。		

小班美工区材料投放表

编　号	D28	编　者	林芸
名　称	手指点画		
材　料	画有花园背景的图，水粉、调色盘、抹布		
玩　法	＊ 幼儿用不同的手指蘸不同色彩的颜料，在背景图上印出五颜六色的点，添画部分枝叶，形成花园。 ＊ 提供葡萄叶子图、树干、让幼儿添上指印形成完整图案。		

编　号	D29	编　者	林芸
名　称	娃娃的礼物		
材　料	方形的手工纸、折纸的流程图，范例若干、娃娃两个		
玩　法	＊ 根据流程示意图，用正方形的纸折叠成杯子、帽子、书包等物体。 ＊ 将折好的东西涂上颜色，然后送给娃娃。		

编　号	D30	编　者	林芸
名　称	娃娃的房间		
材　料	各种纸盒，瓶子、胶水、油画棒、水彩笔、颜料、调色盘		
玩　法	＊ 将纸盒瓶子互相连接，并添画上相应的线条，做成娃娃房间的家具，如床、桌子、椅子等。 ＊ 将纸盒装饰上不同的图案或用颜料涂上自己喜欢的颜色。		

小班美工区材料投放表

编　号	D31	编　者	林芸
名　称	美丽的太阳帽		
材　料	实物太阳帽、记号笔、油画棒、糨糊、广告纸若干		
玩　法	＊ 将长方形的广告纸头尾互相连接，围成圈状，再将纸剪成半圆形粘在上面当成帽檐。 ＊ 为太阳帽装饰图案，或涂上颜色。		

编　号	D32	编　者	林芸
名　称	小小展览会		
材　料	纸、油画棒、橡皮泥、泥工板、颜料等		
玩　法	＊ 利用各种材料，运用所学的技能和经验制作自己喜欢的手工作品，以展览会的形式展示出来。 ＊ 为自己的作品命名，并向同伴介绍自己的作品。		

小班数学区材料投放计划表

阶段期限	阶段目标	周次	材料准备 名称	材料准备 材料
九月份	1. 乐意观察、摆弄实物，对数产生兴趣。 2. 尝试按物体的某一特征归类。 3. 具有初步的观察能力。	1	小动物的家	动物的家、动物图片；水、树林、天空的场景
		2	套圈	不同颜色的圆圈、套瓶等
		3	插花	颜色、大小、形状不同的花、吸管、花瓶等
		4	服装店	颜色、名称、大小不同的各种服装图片、分类盒等
十月份	1. 积极参与操作活动。 2. 学习用一一对应的方法比较两组物体数量的多少、一样多。 3. 具有一定的观察、比较能力。	1	小动物请客	插板、动物图片、食物图片等
		2	拧螺丝	大、小塑料螺丝钉、螺帽若干
		3	看谁摆得对	按数摆物卡片、实物卡片等
		4	蝴蝶找花	各种造型、颜色不同的蝴蝶、花图片、印有蝴蝶与花对应标志的操作底板
十一月份	1. 对操作活动感兴趣。 2. 感知区别物体的大小，尝试用大小不同的物品排序。 3. 具有初步的观察、比较的能力。	1	三只熊	熊一家三口的标志、不同大小的物品图片
		2	钓鱼	钓鱼竿、贴有数量4以内图案的大鱼、中鱼和小鱼、分类排序板
		3	比大小	大小不同的套盒、纽扣等
		4	排排队	大小不同的实物图片、排列板
十二月份	1. 喜欢有关比较物体的活动。 2. 尝试运用已有的经验给材料排序。 3. 学习区别上下、前后，具有初步的空间概念。	1	串项链	各种颜色、形状的珠子、花片、细绳等
		2	漂亮的盘子	纸盘、各种颜色、形状塑料花、树叶等
		3	捉迷藏	各种动物桌面玩具、树、房子、山等背景材料
		4	双层巴士	双层巴士(标明车头位置，车身上贴有透明纸，可以插图片)、动物卡片若干

小班数学区材料投放计划表

阶段期限	阶段目标	周次	材料准备 名称	材料准备 材料
三月份	1. 对各种图形感兴趣。 2. 会找出生活中与圆形、三角形、正方形相似的物品。 3. 尝试按不同的图形特征进行分类、排序。 4. 具有初步的观察和比较能力。	1	嵌板	机器人、房子等图形底版；圆形、三角形、正方形等嵌板
		2	图形火车	各种几何图形、纸板制成的火车（车头有不同颜色、形状）
		3	图形接龙	完整的和分割开的圆形、三角形、正方形的接龙卡片
		4	图形乐园	城堡、房子等轮廓图及各种图形卡片
四月份	1. 喜欢参与计数活动。 2. 运用各种感官观察、探索，感知4以内的数量，尝试手口一致地点数4以内的物品。 3. 运用已有经验比较4以内数量的多少、一样多。 4. 具有初步的观察、分析和比较能力。	1	花儿开	贴有数量是4以内的图案的花瓣、花蕊贴有4以内数量的图案
		2	小猪吃饼干	嘴巴形状、颜色不同的小猪、颜色、形状孔数不同的饼干
		3	娃娃夹辫子	身上标有数字的娃娃若干，夹子若干
		4	连线	数量是4以内的连线卡
五月份	1. 乐意观察、摆弄实物，寻找、发现长短、高矮不同的物体。 2. 尝试用长短、高矮不同的物品排序。 3. 具有初步的比较判断能力。	1	长和短	绳子、尺子、笔、吸管、小木棍、围巾等
		2	接木棍	长短不同的木棍、条形底板
		3	比长短	橡皮泥、彩纸
		4	大家来排队	高矮不同的瓶子、动物、树等
六月份	1. 乐意用各种感官观察、探索事物。 2. 区别白天与黑夜，能用语言、绘画或动作等多种形式表达对时间的感知。 3. 能正确辨认正方形、圆形、三角形、长方形，并能进行图形组合、图形排序活动。	1	转盘	太阳、月亮、人物活动的图片、白天、黑夜背景图
		2	摆摆看	几何图形卡片若干、底图若干
		3	系扣接龙	圆形、三角形、正方形、长方形系扣图片
		4	拼图	圆形、正方形、三角形等图形卡片、胶水、纸

小班数学区材料投放表

编 号	D01	编 者	陈莎娜
名 称	小动物的家		
材 料	动物的家、动物图片、水、树林、天空的场景		
玩 法	* 按动物的名称归类，把动物送到自己的家里，并说说"我送ⅩⅩ回家"。 * 按动物的颜色归类。 * 按动物的种类归类，把动物放在相应的场景中。并说说："天空是ⅩⅩ的家，树林是ⅩⅩ的家，河水是ⅩⅩ的家。		

编 号	D02	编 者	陈莎娜
名 称	套圈		
材 料	红、黄、绿颜色大小不同的圆圈、红、黄、绿颜色大小不同的套瓶		
玩 法	* 按颜色归类，把红、黄、绿颜色的圆圈套进相同颜色的套瓶里。 * 按大小归类，把大小不同的圆圈套进（或投进）相应的套瓶。		

编 号	D03	编 者	陈莎娜
名 称	插花		
材 料	颜色、形状不同的花、吸管、花瓶		
玩 法	* 根据花的颜色或形状的某一特征归类，把花穿入相应颜色的吸管，再插入花瓶中，形成一瓶漂亮的花。 * 可根据简单的规律进行插花。 * 引导幼儿玩"送花"游戏，将插好的花送给朋友。		

小班数学区材料投放表

编 号	D04	编 者	陈莎娜
名 称	服装店		
材 料	颜色、名称、大小不同的各种服装图片、分类盒等		
玩 法	＊ 可根据服装的名称进行分类。 ＊ 可按服装的颜色进行分类。 ＊ 可根据服装的大、小进行分类。		

编 号	D05	编 者	陈莎娜
名 称	小动物请客		
材 料	插板、动物图片、食物图片		
玩 法	＊ 把小动物和它们喜欢吃的食物一一对应地插好。 ＊ 比较动物和食物数量的多少或一样多。 　指导语: 是不是每只小动物都有食物, 比比小动物和食物哪个多?		

编 号	D06	编 者	陈莎娜
名 称	拧螺丝		
材 料	大、小塑料螺丝钉、螺帽若干		
玩 法	＊ 将螺帽和螺丝钉一一对应摆放好, 并将螺帽拧在螺丝钉里, 感知螺帽和螺丝钉数量的多少或一样多。 ＊ 按螺帽和螺丝的大小进行匹配。		

小班数学区材料投放表

编 号	D07	编 者	陈莎娜
名 称		看谁摆得对	
材 料		按数摆物、实物卡片	
玩 法		* 根据卡片上的物体数量，取出和它数量一样多的实物卡片一一对应摆放。 * 引导幼儿用简短的语言说说自己的操作过程、结果。	

编 号	D08	编 者	陈莎娜
名 称		蝴蝶找花	
材 料		各种造型、颜色不同的蝴蝶、花图片、印有蝴蝶与花对应标志的操作底板	
玩 法		* 把蝴蝶和花一一对应配对放好，比较蝴蝶和花数量的多少、一样多。（指导语同 X05） * 引导幼儿观察底板上与花对应的蝴蝶形状与花纹，然后从盒中找出相应的蝴蝶卡片，进行配对练习。 * 引导幼儿按花的颜色标志，将相应颜色的蝴蝶放在一起说说："X花的好朋友是 X 蝴蝶"。	

编 号	D09	编 者	陈莎娜
名 称		三只熊	
材 料		熊一家三口的标志、不同大小的物品图片	
玩 法		* 区别物品的大小。 * 按照大、中、小为熊宝宝一家找到适用的物品。 * 按物品的大小进行排序。	

小班数学区材料投放表

编　号	D10	编　者	陈莎娜
名　称	钓鱼		
材　料	钓鱼竿、贴有数量4以内图案的大鱼、中鱼和小鱼、分类排序板		
玩　法	＊ 用钓鱼竿钓鱼，按数量分类。 ＊ 按鱼的颜色分类。 ＊ 按鱼的大小分类。 ＊ 根据鱼的大小进行排序。 ＊ 根据鱼的特征有规律排序。		

编　号	D11	编　者	陈莎娜
名　称	比大小		
材　料	大小不同的套盒、纽扣等		
玩　法	＊ 比较套盒或纽扣的大小，按大小进行分类。 ＊ 把套盒或纽扣按从大到小，或小到大的顺序排列。 ＊ 引导幼儿找出"最大的一个"和"最小的一个"		

编　号	D12	编　者	陈莎娜
名　称	排排队		
材　料	大小不同的动物图片、排列板		
玩　法	＊ 在排列板上，把动物按从大到小，或从小到大的顺序排队。 ＊ 按动物的一大一小进行排队。		

小班数学区材料投放表

编　号	D13	编　者	陈莎娜
名　称	串项链		
材　料	各种颜色、形状的珠子、花、细绳		
玩　法	＊ 可选择喜欢的珠子串成项链或手链。 ＊ 按一定的规律串珠子，串成一串漂亮的项链。		

编　号	D14	编　者	陈莎娜
名　称	漂亮的盘子		
材　料	纸盘、各种颜色、形状的树叶、花的图片		
玩　法	＊ 用各种颜色、形状的树叶和花的图片，按一定的规律粘贴在纸盘上，装饰纸盘。		

编　号	D15	编　者	陈莎娜
名　称	捉迷藏		
材　料	各种动物桌面玩具、桌面背景：树、房子、山等		
玩　法	＊ 一幼儿把动物放在背景中藏起来，其他小朋友找到后要说出这些动物躲在哪里，用上、下、前、后进行描述。		

小班数学区材料投放表

编 号	D16	编 者	陈莎娜
名 称	双层巴士		
材 料	双层巴士（标明车头位置，车身上贴有透明纸、可以插图片）、动物卡片若干		
玩 法	* 在车身透明纸上插上动物卡片，并说出谁在上、谁在下、谁在前、准在后。 * 在车的前后摆上动物卡片，说说动物在车的什么方位，指导幼儿用上、下、前、后进行描述。		

编 号	D17	编 者	陈莎娜
名 称	嵌板		
材 料	机器人、房子等图形底版；圆形、三角形、正方形等嵌板		
玩 法	* 观察图形底版的形状，选择适合的几何图形嵌板拼入底版中。 * 点数嵌进底版的几何图形的数量。 * 根据形状、颜色、大小的不同，为几何图形分类。		

编 号	D18	编 者	陈莎娜
名 称	图形火车		
材 料	各种几何图形、纸板制成的火车（车头有不同颜色、形状）		
玩 法	* 根据火车头的形状、颜色，在车厢摆上同一类别的图形。 * 按照颜色、形状的特征，有规律地在火车上摆上图形。		

小班数学区材料投放表

编 号	D19	编 者	陈莎娜
名 称	图形接龙		
材 料	完整的和分割开的圆形、三角形、正方形的接龙卡片		
玩 法	＊ 不受颜色干扰，找出和卡片上相同的几何图形卡片接成长龙。 ＊ 观察分割开的几何图形卡片，找出和它匹配的卡片合起来，依次接龙。		

编 号	D20	编 者	陈莎娜
名 称	图形乐园		
材 料	城堡、房子等轮廓图、圆形、三角形、正方形等颜色不同的卡片		
玩 法	＊ 用不同颜色的几何图形，按照一定的规律装饰城堡和房子。 ＊ 说说自己所装饰的城堡、房子中几何图形卡片的特征、数量。		

编 号	D21	编 者	陈莎娜
名 称	花儿开		
材 料	贴有数量是 4 以内的图案的花瓣、花蕊贴有 4 以内数量的图案		
玩 法	＊ 数一数花瓣上的图案的数量，把花瓣插在图案数量一样多的花蕊上，形成一朵花。		

小班数学区材料投放表

编　号	D22	编　者	陈莎娜
名　称	小猪吃饼干		
材　料	嘴巴形状、颜色不同的小猪（衣服有4以内数量的纽扣）、颜色、形状、孔数不同的饼干		
玩　法	＊ 根据小猪的颜色，喂小猪吃颜色相同的饼干。 ＊ 根据小猪嘴巴的形状，喂小猪吃形状相同的饼干。 ＊ 根据小猪衣服纽扣的数量，喂小猪吃孔数相同的饼干。		

编　号	D23	编　者	陈莎娜
名　称	娃娃夹辫子		
材　料	身上标有数字的娃娃若干，夹子若干		
玩　法	＊ 根据娃娃身上的数字夹上相应数量的夹子。		

编　号	D24	编　者	陈莎娜
名　称	连线		
材　料	连线板（上面一行是数量4以内的动物，下面一行是数量4以内的食物）		
玩　法	＊ 数一数动物有几只，把动物和它们喜欢的食物用线连起来，要求食物的数量和动物相同。		

小班数学区材料投放表

编　号	D25	编　者	陈莎娜
名　称	长和短		
材　料	绳子、尺子、笔、吸管、小木棍、围巾等		
玩　法	* 比较物品的长短，可相同的两个物品进行比较，也可不同的物品进行比较。 * 按物体的长短进行分类、排序。 * 找出"最长"、"最短"，按照 "由长到短" "由短到长"的顺序排列。		

编　号	D26	编　者	陈莎娜
名　称	接木棍		
材　料	长短不同的木棍、条形底版		
玩　法	* 比较木棍的长短，在条形底版上摆木棍，根据需要选择长木棍或短木棍。 * 按木棍的长短进行分类、排序。 * 用木棍排几何图形。		

编　号	D27	编　者	陈莎娜
名　称	比长短		
材　料	橡皮泥、彩纸		
玩　法	* 幼儿将橡皮泥分成大小不同的几块，并将泥搓成条状，比一比哪根最长、哪根最短，并根据长短进行排序。 * 幼儿自由将纸撕成条状，比一比谁撕的纸条最长，并根据纸条长短进行排序。		

小班数学区材料投放表

编　号	D28	编　者	陈莎娜
名　称	大家来排队		
材　料	高矮不同的动物、树、楼房、圆柱等		
玩　法	＊ 比较两个物体的高矮。 ＊ 按从高到矮或从矮到高的顺序给动物、树等进行排队。		

编　号	D29	编　者	陈莎娜
名　称	转盘		
材　料	太阳、月亮、人物活动的图片、白天、黑夜背景图		
玩　法	＊ 选择自己喜欢的图片，贴在相应的白天或黑夜色的背景图上。 ＊ 幼儿玩转盘，根据转盘所指的图片，说出"谁在做什么"。		

编　号	D30	编　者	陈莎娜
名　称	摆摆看		
材　料	几何图形卡片若干，底板若干		
玩　法	＊ 用几何图形卡片拼出底板上的图案。 ＊ 数数各种图形的数量，在图下面记录图形的数量。		

小班数学区材料投放表

编　号	D31	编　者	陈莎娜
名　称	系扣接龙		
材　料	圆形、三角形、正方形、长方形系扣图片		
玩　法	＊ 选择相同形状或颜色的图形一个扣一个连成串。 ＊ 运用一定的规律进行系扣，并将作品装饰在娃娃身上。		

编　号	D32	编　者	陈莎娜
名　称	拼图		
材　料	圆形、三角形、正方形等不同颜色、大小的几何图形、胶水、纸		
玩　法	＊ 根据需要选择各种图形，拼贴成各种图案。 ＊ 点数各种图案中几何图形的数量。 ＊ 引导幼儿用短句说说自己拼出图案的内容。		

小班音乐区材料投放计划表

阶段期限	阶段目标	周次	材料准备 名称	材料
九月份	1. 喜欢参加音乐活动，乐于随音乐唱歌和表演。 2. 感知简单的歌曲节拍，能边唱边做简单的动作。 3. 认识音乐区的材料及音乐区的用处。	1	森林里的歌声（一）	磁带《哈巴狗》《小兔乖乖》《老母鸡》及其歌词图片，老母鸡、小兔、小狗图片等
		2	森林里的歌声（二）	动物图片、动物服饰、磁带（动物）音乐
		3	森林舞会（一）	小裙子、小帽子、手铃、幼儿熟悉的音乐磁带《快乐的节日》
		4	森林舞会（二）	小奖品、小裙子、小帽子、手铃、幼儿熟悉的音乐磁带《快乐的节日》、大小花
十月份	1. 对节奏活动感兴趣。 2. 尝试随着音乐节奏，大胆模仿日常生活的动作及随音乐合拍表演。 3. 初步培养节奏感。	1	漱口歌	节奏图形谱《漱口歌》、与歌词相应的动作卡片、背景图
		2	洗脸歌	节奏图形谱《洗脸歌》、与歌词相应的动作卡片、背景图
		3	洗手歌	节奏图形谱《洗手歌》、与歌词相应的动作卡片、背景图
		4	我是能干的小宝宝	节奏图形谱《漱口歌》《洗脸歌》《洗手歌》与歌词相应的动作卡片、背景图
十一月份	1. 喜欢参加演奏活动。 2. 初步认识音符以及2-3种小乐器，懂得其演奏方法，尝试随音乐合拍地击奏。 3. 感受乐器的音色美。	1	小乐器找朋友	铃鼓、串铃等乐器、画有乐器的小图片等。
		2	会唱歌的小乐器	乐器：圆舞板、铃鼓、串铃，及演奏方法图示、动物图片等。
		3	小音符之家	二分、四分音符，分别标有奶奶、妈妈、小朋友图案的二、四分音符图片。
		4	小小演奏会	节奏图形谱，歌词动作卡片，节奏卡、伴奏带、铃鼓、串铃、圆舞板。
十二月份	1. 喜欢参与音乐游戏，体验游戏的乐趣。 2. 感受音乐的不同旋律，培养音乐感受力。 3. 尝试按游戏规则进行音乐游戏。	1	水果娃娃动起来	创设果园的情境、各种水果头饰、磁带《水果娃娃动起来》
		2	我爱洗澡	磁带《洗澡歌》、小鸭、鸭妈妈头饰
		3	碰一碰	磁带《碰一碰》、仙女棒
		4	能干的魔术师	磁带《库企企》、魔法咒语（库 库 库企企）图谱（x x xxx）、魔法棒

小班音乐区材料投放计划表

阶段期限	阶段目标	周次	材料准备 名称	材料准备 材料
三月份	1．喜欢参加多种类型的音乐活动。 2．在游戏中感知和表现音乐的强弱、快慢、高低。 3．培养初浅的音乐素质。	1	音乐比快慢	录有不同快慢音乐的磁带，走、跑图片
		2	音乐比高低	高低瓶图片、上下楼图片、阶梯琴、录有高低音的磁带
		3	音乐比大小	录有快慢音乐的磁带、走、跑的图片、铃鼓、圆舞板
		4	小耳朵真灵	不同快慢、高低、强弱的乐曲、大小球图片、高低瓶图片、走跑图片、铃鼓、三角铁、圆舞板
四月份	1．喜欢参加节奏活动。 2．熟悉铃鼓、圆舞板、串铃的名称、使用方法，为熟悉的歌曲伴奏。 3．培养节奏感。	1	听音乐找乐器	铃鼓、圆舞板等、录有清脆与沉闷等不同音色的磁带、背景图《小乐器的家》
		2	春天	磁带《春天》节奏谱、节奏卡|XX|XX|、串铃、圆舞板、铃鼓、歌词卡片
		3	大雨小雨	磁带《大雨和小雨》、节奏谱 XX XX|XX XX|、串铃、圆舞板、歌词卡片。
		4	什么乐器在唱歌	磁带《什么乐器在唱歌》、节奏谱 X 0|X 0|、歌词卡片、串铃、圆舞板。
五月份	1．喜欢参加简单的音乐游戏活动。 2．感知音乐的快慢、高低变化，能用相应的动作加以表现。 3．发展初步的音乐感受能力。	1	老鹰捉小鸡	磁带《老鹰捉小鸡》、老鹰、小鸡头饰。
		2	大象和兔子	磁带《大象和兔子》、大象、兔子头饰、森林背景图
		3	走路	磁带《走路》、老公公、小姑娘、军帽头饰、小花帽、拐杖图片
		4	乐曲的快与慢	磁带《乐曲的快与慢》、各种动物头饰、森林背景图
六月份	1．理解闽南童谣的内容，感受闽南童谣的节奏韵律美和诙谐幽默的语言美。 2．尝试用简单的动作表达对闽南童谣的认识与感受，体验艺术表现的乐趣，萌发爱家乡的情感。	1	我问你说	童谣《我问你说》图谱、磁带《动物叫声》
		2	蜜蜂仔	童谣《蜜蜂仔》图谱
		3	摇摇跳跳	童谣《摇摇跳跳》图谱
		4	月光光	童谣《月光光》图谱

小班音乐区材料玩法表

编　号	X01	编　者	陈坚文　吴梅治
名　称	森林里的歌声（一）		
材　料	磁带《老母鸡》、《小兔乖乖》、《哈巴狗》等幼儿熟悉的音乐，及其歌词图片		
玩　法	＊ 欣赏歌曲，取出歌曲表现的动物图片，并模仿这些动物的叫声。 ＊ 尝试边看图边跟唱歌曲。 ＊ 尝试跟唱歌曲。		

编　号	X02	编　者	陈坚文　吴梅治
名　称	森林里的歌声（二）		
材　料	动物图片、动物服饰、磁带（动物）音乐		
玩　法	＊ 听音乐选择音乐图片。 ＊ 说一说、做一做几种小动物的动作。 ＊ 尝试扮演小动物边唱边表演。		

编　号	X03	编　者	陈坚文　吴梅治
名　称	森林舞会（一）		
材　料	小裙子、小帽子、动物头饰、手铃、幼儿熟悉的音乐磁带《快乐的节日》		
玩　法	＊ 根据自己熟悉的音乐，进行相应的装扮演唱。 ＊ 感受音乐的形象，模仿各种动物的动作随音乐自由表演。		

小班音乐区材料玩法表

编 号	X04	编 者	陈坚文　吴梅治
名 称	森林舞会（二）		
材 料	小奖品、小裙子、小帽子、手铃、幼儿熟悉的音乐磁带《快乐的节日》、《大小花》		
玩 法	＊ 扮演各种小动物，参加音乐会，随音乐节奏表演。 ＊ 推选小评委。 ＊ 选择自己喜欢的服饰道具进行表演。		

编 号	X05	编 者	陈坚文　吴梅治
名 称	漱口歌		
材 料	节奏图形谱《漱口歌》、与歌词相应的动作卡片、背景图		
玩 法	＊ 欣赏《漱口歌》的乐曲，感受乐曲欢乐的情绪。 ＊ 根据歌词选择相应的图片，并排出漱口的顺序。 ＊ 边看图边随音乐表演唱。		

编 号	X06	编 者	陈坚文　吴梅治
名 称	洗脸歌		
材 料	节奏图形谱《洗脸歌》、与歌词相应的动作卡片、背景图		
玩 法	＊ 欣赏《洗脸歌》的乐曲，感受乐曲的性质。 ＊ 根据歌词选择相应的图片，并排出洗脸的顺序。 ＊ 看图片按音乐节奏模仿洗脸动作。		

小班音乐区材料玩法表

编　号	X07	编　者	陈坚文　吴梅治
名　称	洗手歌		
材　料	节奏图形谱《洗手歌》、与歌词相应的动作卡片、背景图		
玩　法	＊ 欣赏《洗手歌》乐曲，感受乐曲的性质。 ＊ 观察图片，排出洗手的顺序，学习正确的洗手动作。 ＊ 观察图片边做动作边学唱歌曲。		

编　号	X08	编　者	陈坚文　吴梅治
名　称	我是能干的小宝宝		
材　料	节奏图形谱《漱口歌》、《洗脸歌》、《洗手歌》与歌词相应的动作卡片、背景图		
玩　法	＊ 欣赏《漱口歌》、《洗脸歌》、《洗手歌》的乐曲，感受乐曲的性质。根据歌词选择相应的图片。 ＊ 按顺序排出洗手、洗脸、漱口的顺序。 ＊ 观察图片边做动作边演唱。		

编　号	X09	编　者	陈坚文　吴梅治
名　称	小乐器找朋友		
材　料	铃鼓、串铃等乐器、画有乐器的小图片		
玩　法	＊ 认识铃鼓、串铃等打击乐器。 ＊ 选择自己喜欢的乐器随音乐合拍地演奏。 ＊ 为小乐器寻找相应的乐器小图片。		

小班音乐区材料玩法表

编 号	X10	编 者	陈坚文　吴梅治
名 称	会唱歌的小乐器		
材 料	乐器：圆舞板、铃鼓、串铃，及演奏方法图示、动物图片等		
玩 法	＊ 观察各种乐器，感知乐器不同的外形和声音特点。 ＊ 看乐器操作图，探索乐器的演奏方法。 ＊ 尝试选择动物图片与乐器进行配对。		

编 号	X11	编 者	陈坚文　吴梅治
名 称	小音符之家		
材 料	二分、四分音符，分别标有妈妈、宝宝的二、四分音符图片		
玩 法	＊ 观察画有妈妈、宝宝的二、四分音符图片，了解它们的名称及时值。 ＊ 尝试用拍手、跺脚等简单的声势节奏表现二、四分音符的时值。		

编 号	X12	编 者	陈坚文　吴梅治
名 称	小小演奏会		
材 料	节奏图形谱《蜜蜂做工》、歌词动作卡片，节奏卡×××，伴奏带、铃鼓、串铃、圆舞板		
玩 法	＊ 听音乐看图形谱做动作。 ＊ 选择相应的歌词卡片贴在相应的位置。 ＊ 观察节奏卡，尝试用喜欢的小乐器表现节奏。		

小班音乐区材料玩法表

编　号	X13	编　者	陈坚文　吴梅治
名　称	水果娃娃动起来		
材　料	创设果园情境、各种水果头饰或胸饰、磁带《水果娃娃》		
玩　法	＊ 听音乐，辨别不同性质的音乐：欢快——水果娃娃动起来；缓慢——水果娃娃躲在树后。 ＊ 尝试为各种水果创编简单的动作。 ＊ 尝试随音乐的变化选择水果图片，并有节拍地做出该水果的动作。		

编　号	X14	编　者	陈坚文　吴梅治
名　称	我爱洗澡		
材　料	磁带《洗澡歌》、小鸭、鸭妈妈头饰、老师自行录音《语音提示》		
玩　法	＊ 听音乐，自主地表现生活中洗澡的过程、动作。 ＊ 扮演角色进行游戏，当音乐停止时注意听清录音中老师说的洗身体的哪个部位就要做出相应的动作，比比谁做得又快又对。		

编　号	X15	编　者	陈坚文　吴梅治
名　称	碰一碰		
材　料	磁带《碰一碰》、木偶两个、老师自行录音《语音提示》		
玩　法	＊ 听音乐，欣赏木偶表演《碰一碰》 ＊ 随音乐进行游戏，尝试创编"碰一碰"的动作（身体的某一部位碰一碰）。 ＊ 听老师的录音《语音提示》中发出的口令玩碰一碰游戏。		

小班音乐区材料玩法表

编　号	X16	编　者	陈坚文　吴梅治
名　称	能干的魔术师		
材　料	磁带《库企企》、魔法咒语（库　库　库企企）图谱（x　x　xxx）、魔法棒		
玩　法	* 听音乐，寻找音乐中的魔法咒语（库　库　库企企）。 * 边看图谱边随音乐念魔法咒语。 * 随音乐进行游戏，当念完魔法咒语后，手持魔法棒的幼儿发出口令"变小兔"，其他幼儿要做出相应动物的动作。		

编　号	X17	编　者	陈坚文　吴梅治
名　称	音乐比快慢		
材　料	不同快慢变化的音乐，走、跑图片		
玩　法	* 听音乐比较其快慢变化。 * 用走、跑图片，表现自己对音乐的感知。 * 尝试用简单的声势节奏（拍手、点头等）表现音乐的快与慢。		

编　号	X18	编　者	陈坚文　吴梅治
名　称	音乐比高低		
材　料	高低瓶图片、上下楼图片、阶梯琴，录有高低音的磁带		
玩　法	* 听音乐比较其高低变化。 * 用不同高低瓶图片、上下楼图片、表现自己对音乐的感知。 * 用阶梯琴乐器表现音乐的高低。		

小班音乐区材料玩法表

编 号	X19	编 者	陈坚文　吴梅治
名 称	音乐比大小		
材 料	不同强弱的乐曲，粗细不同的线、雨图片、白天黑夜背景图、小动物图片、碰铃、小鼓		
玩 法	＊ 听音乐比较其强弱变化。 ＊ 用粗细不同的雨、线图片、动物图片表现自己对音乐的感知。 ＊ 尝试用强弱不同的声势节奏或乐器表现音乐的强与弱。		

编 号	X20	编 者	陈坚文　吴梅治
名 称	小耳朵真灵		
材 料	不同快慢、高低、强弱变化的乐曲，大小球图片、高低瓶图片、走跑图片、铃鼓、三角铁、圆舞板		
玩 法	＊ 欣赏音乐，感知音乐的变化（快慢、高低、强弱）。 ＊ 选择相应图片与音乐匹配，表现自己对音乐的感知。 ＊ 尝试用声势节奏或乐器表现音乐的变化。		

编 号	X21	编 者	陈坚文　吴梅治
名 称	听音乐找乐器		
材 料	铃鼓、圆舞板、串铃、鼓等乐器及图片、录有清脆与沉闷等不同音色的磁带及背景图《小乐器的家》		
玩 法	＊ 自由选择小乐器进行敲打，感受不同乐器的不同音色。 ＊ 听音乐感受清脆与沉闷的不同音色。 ＊ 观察背景图，根据音乐性质为乐器找家。		

小班音乐区材料玩法表

编　号	X22	编　者	陈坚文　吴梅治
名　称	春天		
材　料	磁带《春天》节奏谱、节奏卡|XX|XX|，歌词动作卡片、串铃、圆舞板、铃鼓		
玩　法	＊听音乐看图形谱做动作。 ＊选择相应的歌词卡片贴在相应的位置。 ＊观察节奏卡，尝试选择合适的小乐器随音乐伴奏。		

编　号	X23	编　者	陈坚文　吴梅治
名　称	大雨小雨		
材　料	磁带《大雨和小雨》，歌词卡片 节奏谱XX XX|XX XX|、X— X— 串铃、圆舞板		
玩　法	＊观察图形谱做动作。 ＊选择相应的歌词卡片贴在相应的位置。 ＊观察节奏卡，尝试选择合适的小乐器随音乐伴奏。		

编　号	X24	编　者	陈坚文　吴梅治
名　称	什么乐器在唱歌		
材　料	磁带《什么乐器在唱歌》，节奏谱 X 0|X 0|、歌词动作卡片、串铃、圆舞板、铃鼓		
玩　法	＊观察图形谱做动作。 ＊选择相应的歌词卡片贴在相应的位置。 ＊观察节奏卡，尝试选择喜欢的小乐器随音乐伴奏。		

小班音乐区材料玩法表

编 号	X25	编 者	陈坚文　吴梅治
名 称	老鹰捉小鸡		
材 料	磁带《老鹰捉小鸡》，老鹰、小鸡头饰		
玩 法	＊ 倾听不同性质的乐曲，感受音乐的不同情绪。 ＊ 扮演各种动物，能随音乐进行角色表演。		

编 号	X26	编 者	陈坚文　吴梅治
名 称	大象和兔子		
材 料	磁带《大象和兔子》，大象、兔子头饰及图片、森林背景图		
玩 法	＊ 倾听音乐，感受音乐的不同性质。 ＊ 根据对音乐的不同理解，选择相应的动物图片。 ＊ 倾听音乐，根据对音乐的理解扮演相应的动物。		

编 号	X27	编 者	陈坚文　吴梅治
名 称	走路		
材 料	磁带《走路》，老公公、小姑娘、军帽头饰及图片、小花帽、拐杖图片		
玩 法	＊ 根据对音乐的不同理解，选择各种图片分别贴在画有花帽、拐杖的背景图上。 ＊ 倾听音乐，根据对音乐的理解扮演相应的角色进行表演。		

小班音乐区材料玩法表

编　号	X28	编　者	陈坚文　吴梅治
名　称	乐曲的快与慢		
材　料	磁带《乐曲的快与慢》、各种动物头饰及图片、森林背景图		
玩　法	＊倾听音乐，并根据乐曲的不同性质取出不同的动物，贴在背景图上。 ＊幼儿在辨别音乐性质不同的基础上做出相应的动作。		

编　号	X29	编　者	陈坚文　吴梅治
名　称	我问你说		
材　料	童谣图谱《我问你说》、录有小动物叫声的磁带		
玩　法	＊观察闽南童谣图谱《我问你说》。 ＊边看图谱边念闽南童谣《我问你说》。 ＊根据录音提示有节奏地学小动物叫。|汪 汪|汪汪 汪|喵 喵|喵喵 喵| 附童谣：《我问你说》 猫仔怎么叫？猫仔喵喵叫。喵 喵 喵喵 喵 狗仔怎么叫？狗仔汪汪叫。汪 汪 汪汪 汪 鸭仔怎么叫？鸭仔嘎嘎叫。嘎 嘎 嘎嘎 嘎 鸡仔怎么叫？鸡仔叽叽叫。叽 叽 叽叽 叽		

编　号	X30	编　者	陈坚文　吴梅治
名　称	蜜蜂仔		
材　料	童谣图谱《蜜蜂仔》、蜜蜂头饰		
玩　法	＊观察闽南童谣图谱《蜜蜂仔》。 ＊边看图谱边念闽南童谣《蜜蜂仔》。 ＊尝试边念童谣边用动作表演。 附童谣：《蜜蜂仔》 蜜蜂仔，花仔肚，一节黄，一节黑，飞来飞去四五路，千只万只同一户。		

小班音乐区材料玩法表

编　号	X31	编　者	陈坚文　吴梅治
名　称		摇摇跳跳	
材　料		童谣图谱《摇摇跳跳》	
玩　法		＊ 观察闽南童谣图谱《摇摇跳跳》。 ＊ 边看图谱边念闽南童谣《摇摇跳跳》。 ＊ 尝试边念童谣边用动作表演。 附童谣：《摇摇跳跳》 　　一二三四，摇来摇去；一二三四，跳来跳去； 　　阿公阿嬷，爸爸妈妈，大家斗阵真欢喜。	

编　号	X32	编　者	陈坚文　吴梅治
名　称		月光光	
材　料		童谣图谱《月光光》	
玩　法		＊ 观察闽南童谣图谱《月光光》。 ＊ 边看图谱边念闽南童谣《月光光》。 ＊ 尝试边念童谣边用动作表演。 附童谣：《月光光》 　　月娘月光光，老公仔仝菜园；菜园掘松松，老公仔欲种葱； 　　葱无芽，欲种茶，茶无花，欲种瓜，瓜无籽，老公仔气甲欲死。	

小班语言区材料投放计划表

阶段期限	阶段目标	周次	材料准备 名称	材料准备 材料
九月份	1. 乐意用普通话说出常用玩具、食品、生活用品的名称及同伴的名字。 2. 体验活动的乐趣。	1	好玩的玩具	创设情境、投放各种玩具
		2	喂娃娃	娃娃、餐具、食物玩具
		3	食品店	各种食物的图片或实物
		4	我的一家	全家福照片，布置娃娃家
十月份	1. 学习运用名词和简单的动词说出自己感兴趣的图片内容。 2. 懂得轻拿轻放玩具。 3. 感受游戏的乐趣。	1	小商店	贴有各种生活用品的图片
		2	贴一贴讲一讲	增投各种背景图片、动物贴绒图片
		3	摸一摸 讲一讲	动物或物体形象的图片、张着嘴巴的动物摸箱
		4	天线宝宝	用卡纸做成天线宝宝的图样，在宝宝的肚子处可插入图片
十一月份	1. 喜欢参与简单的表演，在老师的启发下，讲述一句话或一件简单的事。 2. 愿意与同伴进行交谈，初步学会倾听。 3. 体验活动的乐趣。	1	杯偶表演	用纸杯制作成各种动物的形象
		2	瓶偶表演	用小药瓶制作成小猫、小狗、小兔、等头部形象
		3	桌面表演	《拔萝卜》故事中各角色的形象，可站立的桌面玩具
		4	有趣的故事盒	用月饼盒制作成故事盒，盒里布置树林的背景、各种动物的玩具
十二月份	1. 乐意与同伴交谈，初步能安静地听同伴说话。 2. 尝试用语言表达自己想说的话，用一些短句表达简单的意思。	1	悄悄话	用杯子制成简易的小传声筒、幼儿生活照、图书
		2	打电话	电话玩具、自制电话簿
		3	开汽车	各种背景图、汽车玩具
		4	小动物爱吃什么	纸盒做成的各种动物、食物玩具、碗、汤匙等

小班语言区材料投放计划表

阶段期限	阶段目标	周次	材料准备 名称	材料准备 材料
二月、三月份	1．通过操作材料，激发幼儿说话的兴趣，乐意与同伴、教师交谈。 2．能用简短的句子说出图片内容。 3．懂得爱惜活动材料。	1	动物捉迷藏	玩具或图片房子，各种小动物图片或玩具
		2	有趣的魔箱	各种动物头部模型的盒子、箱子，各种水果或其他物品模型或图片
		3	谁的家	布置配对小屋，及配对的物品图片
		4	海底世界	废纸盒做成海陆空的背景图，各种动物图片做成可移动挂饰
四月份	1．能认真观察画面。 2．学习运用动词、形容词描述出事物的形象或角色的行为动态。 3．感受游戏的乐趣。	1	转盘	转盘，转盘上贴有各种动物的小图片
		2	摇骰子	一组两个骰子，一骰子六面贴有人物或动物图片、一骰子贴有各种物体的图片
		3	小鸡去旅行	小鸡卡片，旅行指向图上面贴有各种物品或小动物
		4	猜一猜讲一讲	各种物体或动物形象的图片
五月份	1．喜欢表演活动。 2．能操作不同材料和类型的玩具进行故事表演，并尝试创编。 3．体验活动的乐趣。	1	演一演讲一讲	多功能折叠小舞台、小指偶
		2	喜羊羊和灰太狼	动画片《喜羊羊和灰太狼》中的动物头饰
		3	手套偶表演	用信封或装薯条的盒子制成的手套偶
		4	纸偶表演	用卡纸制成的各种纸偶
六月份	1．激发对阅读活动的兴趣。 2．学习按图思考问题，能大胆而清楚的看图讲述。 3．乐意和同伴一起活动。	1	好看的图书	各种单幅画面的图书
		2	儿歌图谱书	录音机、磁带、儿歌图谱书
		3	神秘的森林	森林的背景图、可翻动的树叶、看图讲述的图片。
		4	有趣的电视	用盒子制作电视玩具，多幅图片组成的电视画面

小班语言区材料玩法表

编　号	X01	编者	王茹燕
名　称	好玩的玩具		
材　料	创设情境、投放玩具		
玩　法	* 边玩边用普通话说出这是什么玩具，自己喜欢什么玩具。 * 说出玩具的名称、特征、玩法。		

编　号	X02	编　者	王茹燕
名　称	喂娃娃		
材　料	娃娃、餐具、食物玩具		
玩　法	* 在"喂娃娃"的游戏中学说完整句。 * 说说娃娃喜欢吃的食物。		

编　号	X03	编　者	王茹燕
名　称	食品店		
材　料	各种食品的图片或实物		
玩　法	* 找出自己喜欢的食物图片或实物，并用普通话说出其名称。 * 在食品店的游戏中，用"我要买ⅹⅹ东西"等短句与同伴交流。		

小班语言区材料玩法表

编　号	X04	编　者	王茹燕
名　称	我的一家		
材　料	全家福照片，布置娃娃家		
玩　法	＊ 介绍全家福照片，说出照片上有谁？学说短句：这是XX。 ＊ 在娃娃家游戏中模仿爸爸、妈妈等家人的活动。		

编　号	X05	编　者	王茹燕
名　称	小商店		
材　料	贴有各种生活用品的图片		
玩　法	＊ 说说商店里有什么东西。 ＊ 将该物品的图片取下，并说"我要买ＸＸ"。 ＊ 在老师的引导下正确使用量词，如：一个杯子。		

编　号	X06	编　者	王茹燕
名　称	贴一贴、讲一讲		
材　料	各种背景的图片，各种动物的贴绒图片		
玩　法	＊ 和同伴说说背景、贴绒图片的内容。 ＊ 在贴绒布上贴上自己喜欢的动物图片及背景图片，并讲讲自己所贴图片的内容。		

小班语言区材料玩法表

编 号	X07	编 者	王茹燕
名 称	摸一摸、讲一讲		
材 料	动物或物体形象的图片、张着嘴巴的动物摸箱		
玩 法	* 从动物摸箱的嘴里摸出小图片，说说图片上画面的内容。如：小朋友做操、小兔子吃萝卜等。 * 可单独玩或与同伴轮流摸图片讲述。		

编 号	X08	编 者	王茹燕
名 称	天线宝宝		
材 料	用卡纸做成天线宝宝的图样，在宝宝的肚子处可插入图片		
玩 法	* 和同伴一起边看图样边说说天线宝宝身上的颜色和特征。 * 在天线宝宝的肚子上插一自己喜欢的图片，然后讲讲天线宝宝正在播放什么画面内容。		

编 号	X09	编 者	王茹燕
名 称	杯偶表演		
材 料	用纸杯制作成各种动物的形象		
玩 法	* 选择自己喜欢的杯偶，边操作边讲述小动物要去哪？做什么事？ * 与同伴一起表演，进行简单的对话。.		

小班语言区材料玩法表

编 号	X10	编 者	王茹燕
名 称	瓶偶表演		
材 料	用小药瓶制作成小猫、小狗、小兔、等头部形象		
玩 法	* 将手指套进瓶偶中，操作瓶偶，扮演小动物独自表演，介绍自己是什么动物，要去哪儿？干什么？看见什么等。 * 与同伴一起扮演角色进行表演。		

编 号	X11	编 者	王茹燕
名 称	桌面表演		
材 料	《拔萝卜》故事中各角色的形象，可站立的桌面玩具		
玩 法	* 选择自己喜欢的故事角色，自己边操作边讲述故事中的角色对话，也可与同伴共同表演。 * 操作角色，和同伴一起按情节、对话进行表演。		

编 号	X12	编 者	王茹燕
名 称	有趣的故事盒		
材 料	用月饼盒制作成故事盒，盒里布置树林的背景、各种动物的玩具		
玩 法	* 独自在故事盒里边操作动物玩具边说说小动物去哪儿？干什么？看见谁？说什么？ * 与同伴一同边操作玩具边想象情节的发展并进行对话。		

小班语言区材料玩法表

编　号	X13	编　者	王茹燕
名　称	悄悄话		
材　料	用杯子制成简易的小传声筒、幼儿生活照、图书		
玩　法	＊ 两人一起玩，用传声筒一人讲、一人听，说说悄悄话。 ＊ 两人一起玩，用传声筒为朋友讲故事。		

编　号	X14	编　者	王茹燕
名　称	打电话		
材　料	自制电话簿（内附家长、同伴、老师的照片及电话号码）；玩具电话；特殊电话簿（内有110、120、119等号码）		
玩　法	＊ 两人一起玩"打电话"的游戏，互相说说话，表达自己的想法及感受。 ＊ 翻阅电话簿，可以打电话给妈妈或同伴，说说自己在幼儿园里做什么。 ＊ 翻阅电话簿，认识各种特殊电话号码，知道在什么情况下才能打这些特殊号码。		

编　号	X15	编　者	王茹燕
名　称	开汽车		
材　料	各种背景图、汽车玩具		
玩　法	＊ 在背景图中操作汽车，边说"嘟嘟嘟，汽车开到ＸＸ去"。 ＊ 和同伴一起玩，一幼儿问"嘟嘟嘟，汽车开到那里去？"另一幼儿说"汽车开到ＸＸ去"。该幼儿听指令将汽车开到指定的地点。		

小班语言区材料玩法表

编 号	X16	编 者	王茹燕
名 称	小动物爱吃什么		
材 料	纸盒做成的各种动物、食物玩具、碗、汤匙等		
玩 法	＊ 选出动物喜欢吃的食物，将其喂入动物口中，并说短句，如：我喂小兔吃萝卜。		

编 号	X17	编 者	王茹燕
名 称	动物捉迷藏		
材 料	玩具或图片房子，各种小动物图片或玩具		
玩 法	＊ 从房子里找出上各种动物图片或玩具，说出动物的名称，自己喜欢哪种动物？ ＊ 启发幼儿用"我找到ＸＸ"的句式说一句话。 ＊ 互相交流自己在房子的什么地方找到了什么动物？		

编 号	X18	编 者	王茹燕
名 称	有趣的魔箱		
材 料	大盒子或箱子，各种水果或其他物品模型或图片		
玩 法	＊ 在魔箱里摸水果模型，说说摸到的东西是什么形状？摸起来感觉怎么样？猜猜是什么水果？ ＊ 从魔箱里摸出各种图片，说说摸出图片上物品的名称和特征。		

小班语言区材料玩法表

编　号	X19	编　者	王茹燕
名　称	配对小屋		
材　料	布置配对小屋，相配对的物品图片		
玩　法	＊ 看图片，说说自己认识什么物品？什么名称？ ＊ 根据配对小屋上的图片，寻找与之相对应的物品，如：牙膏和牙刷。 ＊ 学习用短句说说自己生活中什么地方用过这些物品。		

编　号	X20	编　者	王茹燕
名　称	谁的家		
材　料	废纸盒做成海陆空的背景图，各种动物图片做成可移动挂饰		
玩　法	＊ 操作动物图片，说说动物名称和特征。 ＊ 在背景图上操作动物图片，学说完整句，如：绿绿的草地是小羊的家。		

编　号	X21	编　者	王茹燕
名　称	转盘		
材　料	转盘、转盘上贴有各种动物活动的图片		
玩　法	＊ 转动转盘，看看指针落在哪张图片上，就说说该图片上动物的动作行为。如：熊猫在翻跟斗，小猴在爬树等。 ＊ 可单独玩，也可两人合作玩。		

小班语言区材料玩法表

编　号	X22	编　者	王茹燕
名　称	摇骰子		
材　料	一组两个六面体的骰子，一个贴有动物或人物的图片，一个贴有各种物体的图片		
玩　法	＊ 摇动两个骰子，通过想象将两个骰子的内容加以联系，并用一句简短的话进行描述。 ＊ 两人一起玩，一人摇、一人说，看谁讲得好。		

编　号	X23	编　者	王茹燕
名　称	小鸡去旅行		
材　料	小鸡卡片，旅行指向图上面贴有各种物品或小动物		
玩　法	＊ 操作小鸡边走边说说到了什么地方？看见什么？说出物品或动物的名称。 ＊ 说说看到的东西是什么样子？用形容词描述，它在做什么？用动词描述。 ＊ 两人一起玩：两只小鸡一起去旅游，一起用动词、形容词说说自己看到的东西，说得好的先走一步。		

编　号	X24	编　者	王茹燕
名　称	猜一猜、讲一讲		
材　料	各种动物形象的图片		
玩　法	＊ 与同伴猜一猜、说一说自己看到的图片是哪种动物，正确使用形容词和动词描述物体或动物的形象、动作。 ＊ 两人或多人一起玩，一个人用动作模仿动物的形象、动作，学动物的叫声，其他人猜是哪种动物，看谁猜得对又快。		

小班语言区材料玩法表

编　号	X25	编　者	王茹燕
名　称	演一演、讲一讲		
材　料	多功能折叠小舞台、《拔萝卜》《三只羊》《小兔乖乖》等故事的指偶		
玩　法	* 与同伴合作，共同表演《拔萝卜》《三只羊》《小兔乖乖》等故事，一起进行角色的对话。 * 套上小指偶扮演各种动物，想象他们做什么事情？说什么话？自编故事，边操作边讲述。		

编　号	X26	编　者	王茹燕
名　称	喜羊羊和灰太狼		
材　料	动画片《喜羊羊和灰太狼》中的动物头饰		
玩　法	* 戴上动物头饰，扮演成动画片中的动物说话。 * 独自表演，用短句表达自己的想法及感受。 * 与同伴合作表演，根据动画片故事情节进行角色间的对话。		

编　号	X27	编　者	王茹燕
名　称	手套偶表演		
材　料	用信封或装薯条的盒子制成的手套偶		
玩　法	* 一手套在手套偶里，扮演成各种动物进行表演。 * 独自表演，用短句表达自己的想法及感受。 * 与同伴合作表演，想象故事情节并进行角色间的对话。		

小班语言区材料玩法表

编　号	X28	编　者	王茹燕
名　称	指偶表演		
材　料	用轻泡或卡纸制成的各种指偶		
玩　法	＊ 用食指及中指套进指偶下部分的两个洞中，装扮成各种角色进行表演。 ＊ 独自操作表演，边表演边讲述角色的行为活动。 ＊ 与同伴合作表演，共同编故事并选择指偶进行表演。		

编　号	X29	编　者	王茹燕
名　称	好看的图书		
材　料	各种单幅画面的图书，如：《小狗的白皮球》		
玩　法	＊ 翻阅图书，讲讲图书各画面 的主要内容。		

编　号	X30	编　者	王茹燕
名　称	儿歌图谱书		
材　料	录音机、磁带、儿歌图谱书		
玩　法	＊ 听磁带，按照图谱书诵读学过的儿歌。 ＊ 根据图谱书，独立朗诵儿歌。		

小班语言区材料玩法表

编　号	X31	编　者	王茹燕
名　称		神秘的森林	
材　料		森林的背景图、可翻动的树叶、看图讲述的图片	
玩　法		＊ 打开树叶的大门，发现藏在里面的图片，讲讲图片的主要内容。 ＊ 自己选择图片放入树叶的后面，自由讲述图片中的故事。	

编　号	X32	编　者	王茹燕
名　称		有趣的电视	
材　料		盒子制成的电视玩具，多幅画面图片组成的电视画面	
玩　法		＊ 边抽动电视画面边讲讲图片画面的主要内容。 ＊ 互相讲讲"电视"上正在演什么节目。 ＊ 将电视放入娃娃家，在娃娃家里看电视。	

小班自理区材料投放计划表

阶段期限	阶段目标	周次	材料准备 名称	材料准备 材料
九月份	1. 愿意参加动手操作活动。 2. 学习正确使用小勺，发展手肌肉动作。 3. 初步懂得配对。	1	喂小动物	玻璃珠、木珠、汤匙、动物模型纸盒
		2	喂小动物（二）	各种几何图形的饼干、汤匙或筷子、矿泉水瓶或油瓶上贴有不同颜色娃娃或动物图形。他们的嘴巴分别为各种几何图形
		3	图形找家	智力插盒玩具
		4	图片真有趣	各种配对正确或错误的图片：杯子、杯盖、牙膏等
十月份	1. 对动手操作活动感兴趣。 2. 尝试按简单的规律穿线。 3. 不把细小的物体放入口、耳、鼻中。	1	串项链或手镯	粗细不同的吸管块、钓鱼绳
		2	串珠子	各种珠子、细电线丝、粗细不同吸管块、瓶盖、盒子
		3	水果宝宝排排队	用轻泡剪成各种水果（上有两个小孔）、线
		4	穿饼干	各种塑料做成的几何图形线
十一月份	1. 喜欢动手操作活动。 2. 学习穿脱衣服，会解、扣纽扣。 3. 发展小肌肉的灵活性。	1	水果树	布制成的水果树（上缝有纽扣），各种布制水果（上缝有扣眼）
		2	彩链	扣纽扣的彩条（长8厘米，宽1.5厘米，一头有扣眼，一头有纽扣）
		3	扣彩链	各种几何图形的绒布，上面缝有扣眼和纽扣
		4	小动物穿新衣	布制成的小动物模型（上缝有按扣眼）、小花形、圆形、半圆形的小布块。
十二月份	1. 对动手操作感兴趣。 2. 练习拧的小肌肉动作。 3. 继续巩固解和扣纽扣的技能。 4. 注意安全使用玩具，不随便扔玩具。	1	自理包	自理包
		2	多功能动手袋	多功能动手袋（上分别逢有布扣、纽扣、扣眼、拉链等）小花、皮带等。
		3	找朋友	各种药瓶子、矿泉水瓶和瓶盖
		4	接水管	水管接头、水管、房子的图片

小班自理区材料投放计划表

阶段期限	阶段目标	周次	材料准备 名称	材料准备 材料
二、三月份	1．对动手操作活动感兴趣。 2．了解一些食品、用品的制作、材料及方法。 3．通过旋、团、穿等技能，发展手部的小肌肉动作。	1	团果子	手工纸、广告纸、道具果树、浆糊包装纸、皱纹纸等
		2	包糖果	木珠或小泡沫，各种糖果纸
		3	装饰手套	轻泡剪成的小花、塑料螺丝、手套的模型
		4	旋果果	螺丝、螺帽、各种轻泡做成的果子
四月份	1．乐意参与动手操作活动，有初步的自我保护意识。 2．初步了解几种常见敲打、磨的工具。 3．尝试使用简单工具敲击物品，练习敲、磨的动作，发展小肌肉的动作。	1	打木桩	木桩玩具、锤子等
		2	敲蒜泥	石臼、蒜头、碗等
		3	做汤圆	石磨、米、碗等
		4	磨磨乐	石磨、黄豆、水、碗、汤匙等
五月份	1．喜欢参加动手操作活动。 2．了解几种常见捞、夹的工具。 3．尝试使用简单工具练习捞夹的动作。 4．学会梳头。	1	给娃娃梳头	自制娃娃的头模型、梳子、小花、像皮筋等
		2	层层剥	葱头、蒜头、牙签、橡皮泥等
		3	捞、夹小球	大小不同珠子、大小不同捞勺、镊子、矿泉水瓶、碗等
		4	小猫吃鱼	小猫图片，贴有小鱼的夹子
		5	小动物穿新衣	毛线、小动物模型的绕线板等
六月份	1．乐意参与动手操作活动，体验成功的喜悦。 2．了解制作沙拉的材料及方法。 3．练习拌、按的小肌肉动作。	1	拌面	各色皱纹纸、小筐
		2	拌黄瓜	黄瓜、筷子、醋、盐等
		3	按指纹按扣子	各色颜料（印泥）、各种底图、小衣服（上逢有按扣）等
		4	按扣魔方	按扣魔方教具等

中班动手区材料投放计划表

阶段期限	阶段目标	周次	材料准备 名称	材料准备 材料
九月份	1. 喜欢参与剥、倒、筛活动。 2. 认识各种豆类，尝试依据操作流程图运用多种工具进行敲剥活动。 3. 发展幼儿手的精细动作，提高手眼协调能力。	1	剥豆豆	扁豆、蚕豆、操作流程图、小碗、石头
		2	真好吃	增投：花生、玉米、碗、钳子
		3	倒豆豆	增投：大小不同的瓶子(上贴有各种豆豆标志)、漏斗、花生、黄豆、绿豆、蚕豆等剥好的豆豆
		4	筛一筛	增投：小筛子、剥好的 各种豆
十月份	1. 能积极愉快参与捞夹活动。 2. 大胆选择适当的工具，尝试用捞、夹等技能进行游戏活动。 3. 提高手、眼协调性和小手肌肉的灵活性。	1	捞捞夹夹（一）	积木、卡纸、轻泡、花生、桶、水、筷子、围兜、袖套
		2	捞捞夹夹（二）	增投：木珠、玻璃珠、大小不同的球、桶、汤匙、勺子
		3	捉小鱼	增投：塑料小鱼、小虾、勺子、筷子
		4	捉小鱼	增投：漏斗大小不同勺子、筷子、鱼钩
十一月份	1. 对编织活动感兴趣。 2. 初步学会一上一下的编织技能，锻炼手部灵活性。 3. 在编织活动中获得成功的体验。	1	编辫子	彩带、毛线、包装绳等
		2	做草席	硬纸板条（横编、竖编）、范例、编织流程图
		3	十字编	增投：包装绳事先固定作成十字形包装绳、范例
		4	立体编绳	增投：包装绳、毛线、打包绳等
十二月份	1. 对各种工具感兴趣。 2. 初步了解几种小工具的名称和用途。 3. 尝试使用工具进行拧和旋等操作活动。	1	盖帽子	塑料或铁螺旋玩具
		2	开锁	各种大小不同的锁和钥匙
		3	汽车修理厂	增设各种上有穿孔的几何图形的轻泡、螺丝、螺帽
		4	汽车修理厂	增设若干损坏的汽车玩具、螺丝刀

中班动手区材料投放计划表

阶段期限	阶段目标	周次	材料准备名称	材料
三月份	1. 喜欢参与穿珠活动。 2. 尝试运用多种材料进穿、串活动。 3. 增强手眼协调能力。	1	串盖盖	各种瓶盖（上挖一小孔）、竹签、线等
		2	美丽的彩链	大中型彩珠，装订线、细铁线、筷子等
		3	串串手链	细铁线、五彩珠、复花线
		4	五彩的珠饰	各种不同造型的彩珠头饰，复花线，细铁线、大中小型的各色珠
四月份	1. 积极愉快参与刨．切活动。 2. 大胆地选择工具，尝试用刨、切等技能进行切块、切薄片、切丝、切花边、拼盘的游戏。 3. 提高小手肌肉的灵活性。 4. 认识、比较各种水果蔬菜的不同特征。	1	刨瓜瓜	刨刀、青瓜、塑料刀、碟子、黄瓜、丝瓜
		2	果盘	切成块状、片状、条状的瓜果、牙签
		3	多变的萝卜	红萝卜、白萝卜、塑料刀、碟子、刨刀
		4	切相框	塑料餐刀、白萝卜、掌瓜等瓜类
五月份	1. 对包、扎、钉、锤活动感兴趣，掌握包、扎、钉、锤的正确方法。 2. 认识各种包装、钉锤所使用的工具。	1	美味的包子	彩带、方形布块、丝袜方块、"包子""扁食"范例、橡皮泥
		2	美丽的礼品	大小不同、颜色不同的纸盒、各种包装纸、彩带、不同包扎方法的礼物范例、包扎步骤图
		3	捶钉子	小钉子、小锤子、塑料泡沫
		4	小木工	小钉子、小锤子、画有各种图案的塑料泡沫
六月份	1. 对刺绣活动感兴趣，初步掌握针的使用方法。 2. 能够大胆地尝试用针、线进行缝制活动。	1	巧巧手	针、线、布块、绣花范例
		2	能干的手	针、线、布块、绣花套、画有直线和曲线的布块
		3	巧手绣花	针、线、布块、绣花套、画有各种简单图案的布块、笔
		4	服装加工厂	布块、剪刀、针、线、剪好的衣裤底模、各种珠子、珠片等

中班动手区材料投放表

编 号	Z01	编 者	吴红英
名 称	剥豆豆		
材 料	扁豆、蚕豆、操作流程图、小碗、石头		
玩 法	* 认识各种剥豆工具。 * 用石头、剪刀或钳子把豆荚皮剥开，取出其中的豆粒放入盘中。看谁剥的豆豆最多。		

编 号	Z02	编 者	吴红英
名 称	真好吃		
材 料	花生、玉米、锤子、木板垫、垃圾桶、碗		
玩 法	* 通过各种感官感知花生、玉米的外形特征。 *. 想出各种办法将花生的外壳敲开，取出中间的果仁食用。并把壳放入垃圾桶中。 * 看看、数数玉米有几行，每行有几颗。把玉米一颗颗地剥来，并数数，比比谁剥得最多。		

编 号	Z03	编 者	吴红英
名 称	倒豆豆		
材 料	大小不同的瓶子（上贴有各种豆豆标志）、漏斗、水管、花生、黄豆、绿豆、蚕豆等剥好的豆豆		
玩 法	*. 认识各种倒豆工具 * 尝试用各种工具倒豆豆，看看每种工具可以倒什么豆豆，为什么？ * 比比谁倒的豆豆最多。 * 把各种豆豆分别分类放入瓶中		

中班动手区材料投放表

编　号	Z04	编　者	吴红英
名　称		筛一筛	
材　料		小筛子、剥好的 各种豆	
玩　法		* 认识筛子的外形的用途。 * 将各种豆放在筛子上筛一筛，看看哪种豆会被筛下来。 * 将各种豆进行分类或装饰成各种图案。	

编　号	Z05	编　者	吴红英
名　称		捞捞夹夹（一）	
材　料		积木、卡纸、轻泡、花生、桶、水、筷子、小盘子、围兜、袖套	
玩　法		* 将小积木、卡纸、轻泡等物品放入水桶或脸盆中，观察其在水中的情况。 * 用筷子把它们一个一个地夹入盘中。 * 看谁夹的多。	

编　号	Z06	编　者	吴红英
名　称		捞捞夹夹（二）	
材　料		木珠、玻璃珠、大小不同的球、汤匙、勺子、盘子、笔、记录表	
玩　法		* 观察、比较珠子和球的不同，并根据其不同点进行分类。 * 把珠子和球放入水中，观察其在水中的沉浮情况，并记录。 * 把珠子和球放入水中，并用提供的工具把其捞、夹出，放入盘中。比较谁多谁少。	

中班动手区材料投放表

编　号	Z07	编　者	吴红英
名　称	捉小鱼（一）		
材　料	塑料鱼、塑料虾、筷子、勺子		
玩　法	* 把塑料鱼、塑料虾放入水中，让其浮在水面上，再用各种工具把塑料鱼、塑料虾夹出或捞出，放入盘子中。 * 比比谁的多。		

编　号	Z08	编　者	吴红英
名　称	捉小鱼（二）		
材　料	小鱼、漏斗、小水桶、筷子、大小不同勺子、鱼钩		
玩　法	* 尝试选择各种工具捞、夹鱼和虾，比较那种工具最适合。 * 捉鱼比赛：运用各种工具把小鱼捞夹出放入盘中，并进行点数，比比谁的多。		

编　号	Z09	编　者	吴红英
名　称	编辫子		
材　料	包装绳、彩带等		
玩　法	* 观察，比较各种编织材料的不同特性。 * 选择相同材料的绳子（3条）左右分别交替的方法进行编织。 * 鼓励幼儿按颜色归类，选择材料进行编织。		

中班动手区材料投放表

编　号	Z10	编　者	吴红英
名　称	做草席		
材　料	硬纸板条（事先把硬纸板条作成 ▊▊▊ ）、范例、编织流程图		
玩　法	＊ 观察，探讨范例的编织方法，尝试运用所探索的方法进行编织。 ＊ 依据流程图在横放与竖放做好的纸板（ ▊▊▊ ▊ ），拿出备用的纸条，一上一下地在纸板上"编草席"。		

编　号	Z11	编　者	吴红英
名　称	十字编		
材　料	包装绳事先包装绳事先固定作成十字形（ ✚ ），包装绳、范例		
玩　法	＊ 观察，比较十字编与横竖编的不同，努力探索其编制方法。 ＊ 取下十字形板，拿包装绳绕着十字形板四边，一上一下系进行编织。		

编　号	Z12	编　者	吴红英
名　称	立体编绳		
材　料	增投：包装绳、毛线、打包绳等		
玩　法	＊ 观察、比较各种编织材料的异同。 ＊ 相同的编织材料4条，用前后、左右一次交替的方法编绳。 ＊ 选择适当的颜色编制出有规律的图案		

中班动手区材料投放表

编 号	Z13	编 者	吴红英
名 称	盖帽子		
材 料	塑料或铁螺旋玩具		
玩 法	* 选择螺丝和螺帽，按颜色、大小进行匹配。 * 将合适的螺丝和螺帽拧在一起，拧紧，比比谁拧得多又快。 * 把拧好的螺丝、螺帽分开，并按大小型号分类，比比谁分的快又对。		

编 号	Z14	编 者	吴红英
名 称	开锁		
材 料	大小不同的锁、钥匙		
玩 法	* 将锁或钥匙按大小、形状进行匹配。 * 选择适当的钥匙进行开琐，练习开锁和关锁的动作。		

编 号	Z15	编 者	吴红英
名 称	汽车修理厂（一）		
材 料	各种上有穿孔的汽车底模的轻泡、螺丝、螺帽		
玩 法	* 把汽车底模根据自己的创造和想象组合成各种造型的汽车。 * 把汽车底模轻泡用螺丝拧在一起，组合固定成各种造型的汽车。 * 运用组合成的各种汽车造型进行操作，讲述，表演。		

中班动手区材料投放表

编 号	Z16	编 者	吴红英
名 称	汽车修理厂（二）		
材 料	若干损坏的汽车玩具、螺丝刀		
玩 法	* 寻找汽车损坏或松落的部位，思考运用什么方法可以进行修理。 * 尝试使用工具修理汽车。 * 用螺丝刀把上面的螺丝拧紧或重新组装。		

编 号	Z17	编 者	吴红英
名 称	串盖盖		
材 料	各种瓶盖（上挖一小孔）、竹签、线等		
玩 法	* 比较瓶盖颜色、大小的不同。 * 选择材料串瓶盖，看谁串得多又快。 * 按颜色或大小的规律串瓶盖，比比谁的作品最好看。		

编 号	Z18	编 者	吴红英
名 称	美丽的彩链		
材 料	大中型彩珠、装订线、细线、筷子等		
玩 法	* 按彩珠的大小、形状、颜色进行分类、排序、摆图案。 * 用线穿珠子，比比谁穿多又快。 * 用线把珠子按颜色、大小、形状串成手链、项链等饰品。		

中班动手区材料投放表

编 号	Z19	编 者	吴红英
名 称	串串手链		
材 料	细铁线、五彩珠、复花线		
玩 法	＊ 按珠子的颜色、形状、大小进行分类、排序、摆图形。 ＊ 用复花线穿珠，比比谁穿得又多又快。 ＊ 用复花线或铁丝把珠子按自己喜欢的规律， 串成串。 ＊ 尝试把穿好的珠链拧折叠成自己喜欢的样式。		

编 号	Z20	编 者	吴红英
名 称	五彩的珠饰		
材 料	各种不同造型的彩珠头饰范例、复花线、细铁线、大中小型的各色珠子、筷子等		
玩 法	＊ 自由拆、拼、珠饰范例探索制作的方法。并模仿制作珠饰。 ＊ 尝试把穿好的珠链拧折叠成自己喜欢的样式。		

编 号	Z21	编 者	吴红英
名 称	刨瓜瓜		
材 料	刨刀、青瓜、黄瓜、塑料刀、碟子		
玩 法	＊ 认识各种瓜类蔬菜。 ＊ 观察、比较青瓜、黄瓜、丝瓜的不同点和相同点。并进行分类。 ＊ 尝试使用刨刀刨瓜皮。 ＊ 用塑料刀把刨好皮的瓜切成小块。		

中班动手区材料投放表

编　号	Z22	编　者	吴红英
名　称	果盘		
材　料	切成块状、片状、条状的瓜果、牙签		
玩　法	＊ 将切好的瓜果按名称、颜色或形状进行分类。 ＊ 把切好的瓜果用牙签拼插出各种不同的造型。		

编　号	Z23	编　者	吴红英
名　称	多变的萝卜		
材　料	红萝卜、白萝卜、塑料刀、碟子、刨刀		
玩　法	＊ 观察、比较萝卜的不同点和相同点。并进行分类。 ＊ 尝试使用刨刀刨萝卜皮。 ＊ 用塑料刀把刨好皮的萝卜，切成小块、片、条、丁等各种形状。 ＊ 把切成块的瓜按自己喜欢的方式在盘中摆成各种图案。		

编　号	Z24	编　者	吴红英
名　称	切相框		
材　料	塑料餐刀、白萝卜、掌瓜等瓜类		
玩　法	＊ 使用餐刀把白萝卜切成大片块状。 ＊ 在片块萝卜上进行镂空，使之成为立体形状。 ＊ 比比谁的造型最特别。		

中班动手区材料投放表

编　号	Z25	编　者	吴红英
名　称	美味的包子		
材　料	彩带、方形布块、丝袜方块、橡皮筋、"包子""扁食"范例、橡皮泥		
玩　法	＊ 观察、讨论"包子""扁食"的外形特征，使用材料及包扎方法。 ＊ 尝试运用材料包扎"扁食""包子"。 ＊ 把自己所包扎的"扁食""包子"，投放到 "小吃店"中进行游戏。		

编　号	Z26	编　者	吴红英
名　称	美丽的礼物		
材　料	大小不同、颜色不同的纸盒、各种包装纸、彩带、不同包扎方法的礼物范例、包扎步骤图		
玩　法	＊ 按方形纸和包装纸的大小、颜色进行分类。 ＊ 学看包扎步骤，探索使用不同的材料进行包扎。 ＊ 尝试运用用自己喜欢的方法包扎礼物。 ＊ 把包扎好的礼物投放到角色游戏中进行游戏。		

编　号	Z27	编　者	吴红英
名　称	捶钉子		
材　料	小钉子、小锤子、塑料泡沫		
玩　法	＊ 了解各种材料、工具的用途和使用方法 ＊ 尝试用小锤子在塑料泡沫上钉钉子。 ＊ 比一比、数一数谁钉得又好又多。		

中班动手区材料投放表

编　号	Z28	编　者	吴红英
名　称	小木工		
材　料	小钉子、小锤子、画有各种图案的塑料泡沫		
玩　法	＊ 将小钉子垂直放在图案的轮廓线上，用小木锤钉钉子，形成各种图案。 ＊ 在塑料泡沫上钉几排平行的小钉子，将橡皮筋系在小钉子上，组成不同的图案。		

编　号	Z29	编　者	吴红英
名　称	巧巧手		
材　料	针、线、布块、绣花套、各种绣花范例		
玩　法	＊ 尝试学习穿针、引线、打结。练习用正确的方法持针。 ＊ 观察、讨论：如何能绣出各种图案。 ＊ 自由探索、练习持针。一上一下缝制。		

编　号	Z30	编　者	吴红英
名　称	能干的手		
材　料	针、线、布块、绣花套、画有直线和曲线的布块		
玩　法	＊ 观察所提供的布块，讨论应该如何沿直线和曲线进行绣制。 ＊ 练习持针一上一下地沿直线和曲线进行绣制。		

中班动手区材料投放表

编　号	Z31	编　者	吴红英
名　称	巧手绣花		
材　料	针、线、布块、绣花套、画有各种简单图案的布块、笔		
玩　法	＊尝试持针线沿图案进行缝制。 ＊用笔在布上画上自己喜欢的图案，并持针线进行缝制。 ＊把绣好的布块投放到角色游戏中进行游戏。		

编　号	Z32	编　者	吴红英
名　称	服装加工厂		
材　料	布块、剪刀、针、线、剪好的衣裤底模、各种珠子、珠片等		
玩　法	＊欣赏范例（衣服）上各种珠子、珠片的美，并讨论它是怎样缝上去的？ ＊按自己的意愿，选择衣裤底模，并在上面有规律地缝上各种珠子、珠片。 ＊把做好的衣裤投放到角色游戏中进行游戏。		

中班科学区材料投放计划

阶段期限	阶段目标	周次	材料准备 名称	材料准备 材料
九月份	1. 对磁铁有探究的欲望,对身边的磁现象感兴趣。 2. 能运用多种方式观察和感知磁铁的特征。 3. 感知磁铁的吸铁性等有关经验。	1	磁铁找朋友	相同形状大小的磁铁、各种铁制品、塑料制品、纸制品、木制品、记录表(吸什么)
		2	捉迷藏	各种磁铁、水、沙、纸、记录表(在不同环境下吸力的变化情况)
		3	谁的力气大	有明显两极标志的磁铁、回形针等铁制品、记录表(N极和S极的吸力比较)
		4	森林运动会	磁铁、各种小动物图片、纸板、回形针(自制磁性玩具)
十月份	1. 积极参加观察.比较.操作.探索.讨论.交流等实践活动,发现平衡(不倒翁不倒)的秘密。 2. 尝试运用平衡(不倒翁不倒)的原理制作小玩具。	1	看谁站得稳	各种蛋、灯泡、乒乓球、橄榄球、平衡器
		2	拆装不倒翁	不倒玩具若干或(自制的不倒玩具)、螺丝刀,记录表
		3	学做不倒翁	蛋壳、乒乓球、橡皮泥、笔、纸(创作不倒翁)
		4	不倒翁一家亲	小动物图片、橡皮泥、各种纸芯、石块等(自制不倒玩具)
十一月份	1. 喜欢参与运水活动。 2. 通过观察.比较操作感知水的特性,认识在不同情况下适宜运水的工具材料。 3. 了解和认识不同材料的吸水性。	1	想想好办法	大水箱、小空盆
		(2)	有趣的运水工具	瓶子、杯子、玩具餐具、漏斗、透明小桶(画有刻度)
		(3)	有趣的吸水工具	抹布、海绵、吸水纸、硬纸板、各种纸张等。
		(4)	快乐运水忙	洒水壶、瓶子、杯子、玩具餐具、漏斗、有孔的瓶子(一个或多个动)
十二月份	1. 对影子感兴趣,体验探究影子的乐趣。 2. 愿意运用观察.记录.测量.实验等方法探究影子的形成与变化,感知光与影的关系。	1	找影子	小镜子,动物纸板
		(2)	变影子	手电筒、台灯、布娃娃、动物玩具、纸卡、剪刀
		(3)	影子多	多个不同光源强度的手电筒,各种不透明的小动物或玩偶
		4	玩手影	投影仪、动物 纸板、剪刀、纸卡

中班科学区材料投放计划

阶段期限	阶段目标	周次	材料准备 名称	材料准备 材料
三月份	1．乐意参加探索沉与浮的小实。 2．观察各种物品的沉浮现象，学习用简单的图标来表示物体的沉浮，尝试制作简单的沉浮玩具。 3．利用已积累的经验来改变物品的沉浮现状。	1	什杂家族	玻璃制品、塑料制品、纸制品、铁制品、木制品、蜡制品、石头、砖块等
		2	比一比	锡薄纸、牙膏盒、空瓶子、饮料盒、笔、纸、记录表
		3	颠倒沉浮	各种瓶、罐、盒
		4	小帆船	泡沫、橡皮泥、回行针、蜡光纸、胶水剪刀等
四月份	1．愿意运用各种感官参与探索活动，激发探索声音的兴趣。 2．尝试运用不同方法感知振动产生声音的现象。 3．积累有关声音产生.传播及变化等感性经验。	1	青蛙跳舞	鼓、纸蛙、皮筋琴、塑料片
		2	串串音符	玻璃瓶、竹沙、水、小棒
		3	声音哪里来	水槽、桌子、鹅卵石、塑料袋
		4	制作小乐器	空玻璃瓶、空罐子、空饮料盒、筷子、皮筋等。
五月份	1．对光这一科学现象有好奇心，乐于探究。 2．尝试运用各种不同材料探索光的特性。 3．初步学会用简单的方法记录实验结果。	1	有趣的光	手电筒、应急灯、台灯、蜡烛、油灯、塑料板、塑料布、玻璃片、记录纸等。
		2	光的色彩	三棱镜、记录卡、彩色笔
		3	有趣的光斑	镜子、记录卡、彩色笔
		4	谁的影子	各种木制玩具、方木筷、泡沫片等。
六月份	1．能大胆参与各种有关镜子的实验活动。 2．在观察、比较中了解镜子的特性。 3．积累有关镜子的粗浅知识，了解镜子在生活中的运用。	1	有趣的镜子	玻璃、镜子、不锈钢杯、蜡光纸、白黑木版、胶版
		2	各种各样的镜子	凸透镜、凹透镜、放大镜等
		3	镜子里的世界	多像镜、小玩具、记录纸
		4	镜子里的秘密	彩灯长廊、风景箱、万花筒

中班科学区材料玩法表

编　号	Z01	编　者	黄真猛
名　称	磁铁找朋友		
材　料	相同形状大小的磁铁、各种铁制品、塑料制品、纸制品、木制品、记录表		
玩　法	*拿磁铁吸活动室的东西，并记录什么会吸，什么不会吸。 * 观察、比较各种制品的异同点，根据特征进行分类。 * 拿磁铁去吸各种制品材料，并用自己喜欢的符号记录下来。		

编　号	Z02	编　者	黄真猛
名　称	捉迷藏		
材　料	各种磁铁、水、沙、纸、记录表（在不同环境下吸力的变化情况）		
玩　法	* 拿纸包住磁铁后，再去吸沙中的物体,看有什么情况发生,并进行记录。 * 拿磁铁去吸水中的物体和包在纸中的物体，看看有什么情况发生，并记录下来。 * 比较不同环境下吸力的变化，并用自己喜欢的符号记录下来。		

编　号	Z03	编　者	黄真猛
名　称	谁得力气大		
材　料	有明现两极标志的磁铁、回行针等铁制品、记录表（N 极和 S 极的吸力比较）		
玩　法	* 把 U 形磁铁放在铁制品中，比较磁铁的哪部分吸力最强，能吸多少个并进行记录。 * 用 U 行磁铁去吸磁性小动物，比赛谁跑得快。		

中班科学区材料投放表

编 号	Z04	编 者	黄真猛
名 称	森林运动会		
材 料	磁铁、各种小动物图片、纸板、回行针（自制磁性玩具）		
玩 法	* 把画好的小动物粘在回行针上，并放在做好的"森林的操作跑道"的起点上，听到哨声同时移动下面的磁铁，看谁先到终点为胜者。 * 把"小动物"放在"树桩上"，听到哨声就开始移动磁铁，看哪只小动物爬得最高为胜者。 * 把回行形针夹在小动物的卡片上，然后用磁铁来吸卡片，看哪只小动物跑得最快。		

编 号	Z05	编 者	黄真猛
名 称	看谁站得稳		
材 料	各种蛋、灯泡、乒乓球、橄榄球、海洋球等球体、纸板、积木等各种辅助材料、记录表		
玩 法	* 观察、比较各种玩具的异同点，讨论它们各是用什么材料作成的。 * 探索各种材料的不同玩法，并进行记录。 * 结合各辅助材料，想办法让各种球体站起来，并互相交流自己的办法。		

编 号	Z06	编 者	黄真猛
名 称	拆装不倒翁		
材 料	不倒玩具若干或（自制的不倒玩具)、螺丝刀、记录表		
玩 法	* 自由探索不倒玩具，观察、讨论不倒的原因。 * 尝试动手拆装不倒玩具，观察其内部结构，并运用自己的方法进行记录。		

中班科学区材料投放表

编　号	Z07	编　者	黄真猛
名　称			学做不倒翁
材　料			蛋壳、乒乓球、橡皮泥、笔、纸（创作不倒翁）
玩　法			* 观察、比较、探索提供的材料，说说哪种玩具可以制作不倒翁，为什么？ * 尝试用蛋壳、乒乓球的一半制作简单的不倒翁，并说说制作的方法。 * 比赛玩不倒翁，看看谁的不倒翁最不容易倒，为什么。

编　号	Z08	编　者	黄真猛
名　称			不倒翁一家亲
材　料			小动物图片、橡皮泥、各种纸芯、石块等（自制不倒玩具）
玩　法			* 把自己收集的材料认为可以做不倒翁的材料进行分类。 * 尝试动手制作较复杂的不倒玩具，寻找最合适的材料进行制作。 * 比一比谁的不倒翁最不容易倒，并介绍自己的好办法。

编　号	Z09	编　者	黄真猛
名　称			想办法
材　料			大水箱、小空瓶、可乐瓶、勺子等
玩　法			* 自由讨论用什么办法可以把大水箱的水运到小空瓶里，说说自己好办法的理由是什么。 * 尝试用自己想出的办法来运水，验证办法是否好用。

中班科学区材料投放表

编 号	Z10	编 者	黄真猛
名 称	有趣的运水工具		
材 料	洒水壶、瓶子、杯子、玩具餐具、漏斗、有孔的瓶子（一个或多个洞）		
玩 法	* 自由寻找生活中可以用来运水的工具，并按工具的特征进行分类，说说自己分类的理由。 * 尝试用自己寻找的工具运水，并比较哪种工具最好用，为什么。		

编 号	Z11	编 者	黄真猛
名 称	有趣的运水工具		
材 料	大小不同的瓶子、杯子、玩具餐具、漏斗、小桶（内画有尺寸，最好是透明的）		
玩 法	* 尝试用生活中最合适的废旧物制作运水工具，说说自己的制作方法。 * 幼儿利用大小不同的各种运水工具，按桶内尺寸上的水位运水，并统计运的次数，探索不同运水工具与次数的关系。		

编 号	Z12	编 者	黄真猛
名 称	奇妙的吸水工具		
材 料	抹布、海绵、吸水纸、硬纸板、各种纸张等。		
玩 法	* 观察、比较提供的材料有什么作用，并根据材料的吸水性的特点进行分类，说明分类的理由。 * 尝试用各种材料进行运水，比较哪种工具最好用，并说明其原因。		

中班科学区材料投放表

编 号	Z13	编 者	黄真猛
名 称	找影子		
材 料	小镜子，动物纸板		
玩 法	* 在灯下寻找各种物体的影子，并说说它是什么物体的影子。 * 同伴间交流自己所发现的影子。		

编 号	Z14	编 者	黄真猛
名 称	变影子		
材 料	手电筒、台灯、布娃娃、动物玩具、纸卡、剪刀		
玩 法	* 讨论要怎样做才会有影子，影子是怎样变出来。 * 尝试用提供的各种材料变出影子，说说是怎样变出来的。 * 变换灯光的角度、远近，观察不同角度影子成像的变化。		

编 号	Z15	编 者	黄真猛
名 称	影子多		
材 料	手电筒、小玩偶、积木等小玩具		
玩 法	* 用一把手电筒照射某一个不透明的小玩具或玩偶，观察影子的个数。 * 用两个或多个手电筒从不同高度、不同角度同时照射小玩具或玩偶，观察其影子的变化。		

中班科学区材料投放表

编　号	Z16	编　者	黄真猛
名　称	玩手影		
材　料	各种手影图片		
玩　法	* 选择自己喜欢的手影在灯光下模仿摆出各种手影。 * 在灯光下探索与图片不同的手影造型。		

编　号	Z17	编　者	黄真猛
名　称	什杂家族		
材　料	玻璃制品、塑料制品、纸制品、铁制品、木制品、蜡制品、石头、砖块等		
玩　法	* 自由比较、观察、探索各种制品的特征，数数有几个。并根据自己的标准进行分类。 * 尝试把各种制品放进水里，观察物品在水中的沉浮现象并说说哪些会沉，哪些会浮。		

编　号	Z18	编　者	黄真猛
名　称	比一比		
材　料	锡薄纸、牙膏盒、空瓶子、饮料盒、笔、纸、记录表		
玩　法	* 自由观察探索各种物品的特性，比较相同制品的共同点。 * 把物品改变形状再放到水中，观察其沉浮发生的变化，并用自己的方法进行记录。		

中班科学区材料投放表

编 号	Z19	编 者	黄真猛
名 称	颠倒沉浮		
材 料	各种瓶、罐、盒、橡皮泥、木头、小铁、记录表		
玩 法	* 把各种材料放进水里，观察发现各种材料的沉浮现象并记录下来。 * 尝试用各种办法把会浮的变成会沉，把会沉的变成会浮的，并向同伴说说自己用的是什么办法，除了这个办法还有什么办法。		

编 号	Z20	编 者	黄真猛
名 称	小帆船		
材 料	泡沫、橡皮泥、回形针、各种蜡光纸、胶水、剪刀		
玩 法	* 选择合适的材料运用已有的经验制作帆船，并说说选择该材料的理由是什么。 * 把制作的帆船放进水里，并尝试用各种办法让船游起来，比比谁游得快，为什么。		

编 号	Z21	编 者	黄真猛
名 称	青蛙跳舞		
材 料	鼓、纸蛙、皮筋琴、塑料片		
玩 法	* 用已有的经验看流程图折纸蛙，并比较谁的纸蛙折得好，说说自己的发现。 * 把纸蛙放在鼓上，想出各种办法让纸蛙动起来，并说说为什么会动，哪种办法好，为什么。		

中班科学区材料投放表

编 号	Z22	编 者	黄真猛
名 称	串串音符		
材 料	玻璃瓶、竹沙、水、小棒		
玩 法	* 往玻璃瓶中装不同分量的水，然后敲击玻璃瓶，听听声音有什么不同。为什么会有不同的声音。 * 试着按声音的高低给玻璃瓶排队。		

编 号	Z23	编 者	黄真猛
名 称	声音哪里来		
材 料	水槽、桌子、鹅卵石、塑料袋		
玩 法	* 幼儿一个用鹅卵石敲桌底，另一个趴在桌面听，说说自己听到什么，为什么会发出声音。 * 一幼儿用鹅卵石敲装有水的水槽底，另一个幼儿用耳朵紧贴在水槽的旁边，说说自己听到什么，为什么会发出声音。		

编 号	Z24	编 者	黄真猛
名 称	制作小乐器		
材 料	空玻璃瓶，空罐子、空饮料盒、筷子、皮筋等		
玩 法	* 观察各种废旧瓶子的外形，看看它像什么小乐器。 * 将废旧材料制作成沙球、响板等各种小乐器，并进行演奏。		

中班科学区材料投放表

编 号	Z25	编 者	黄真猛
名 称	有趣的光		
材 料	手电筒、应急灯、台灯、蜡烛、油灯、塑料板、塑料布、玻璃片、记录纸等。		
玩 法	* 自由观察各种灯具，说说不同灯具的特点，并说说不同灯具发出的光有何不同。 * 用灯具照各种塑料布、塑料板、玻璃片等物体，说说发现了什么现象。		

编 号	Z26	编 者	黄真猛
名 称	光的色彩		
材 料	三棱镜、记录卡、彩色笔		
玩 法	* 自由观察三棱镜的外形特征，比较它和镜子有什么不同。 * 把三棱镜对准太阳光照，说说看到什么，并用自己喜欢的方式记录下来。		

编 号	Z27	编 者	黄真猛
名 称	有趣的光斑		
材 料	镜子、记录卡、彩色笔		
玩 法	* 将镜子放在阳光下，调整镜子的角度，将光源照射到指定的物体上。 * 探索镜子在阳光下所发生的现象。		

中班科学区材料投放表

编 号	Z28	编 者	黄真猛
名 称	谁的影子		
材 料	各种形状的玩具、泡沫片		
玩 法	* 手拿各种不同形状的木制玩具等物体在灯光下照，猜猜这是哪种玩具的影子，你是怎样猜出来的。 * 手拿各种玩具在阳光下照，与同伴交流自己的发现。		

编 号	Z29	编 者	黄真猛
名 称	有趣的镜子		
材 料	玻璃、镜子、不锈钢杯、蜡光纸、白黑木版、胶版		
玩 法	* 玩一玩，看哪种材料能清楚地看到自己的五官。 * 比较镜子和玻璃的异同。 * 在玻璃的后面分别加上不锈钢杯、蜡光纸、白黑木版、胶版等，看看能否照到自己。 * 到周围寻找镜子能看到的东西。		

编 号	Z30	编 者	黄真猛
名 称	各种各样的镜子		
材 料	凸透镜、凹透镜、放大镜等		
玩 法	* 观察比较各种镜子的异同点。 * 用各种镜子去照像，看看它的像有什么不同。		

中班科学区材料投放表

编　号	Z31	编　者	黄真猛
名　称		镜子里的世界	
材　料		多像镜、小玩具、记录纸	
玩　法		＊ 认识各种材料。 ＊ 将多像镜放在记录纸上，多像镜的对折处与记录纸上的点重合。在多像镜中放一个玩具，将看到的记录纸的扇形标线不断调整两镜间的角度，认真观察镜中的玩具。并把它记录下来。	

编　号	Z32	编　者	黄真猛
名　称		镜子里的秘密	
材　料		风景箱、万花筒	
玩　法		＊ 认识所提供的各种材料。 ＊ 打开风景箱或万花筒，看看里面有什么？东西是怎样摆放的？拿一个玩具到箱中，后从孔看，又看到什么。 ＊ 自己动手制作万花筒。	

中班美工区材料投放计划

阶段期限	阶段目标	周次	材料准备	
			名称	材料
九月份	1．喜欢撕撕贴贴活动。 2．能用各种材料的碎片进行创作活动，发展手的精细动作。 3．养成良好的卫生习惯，能保持活动室整洁。	1	报纸贴贴乐	报纸，糨糊，靴子、花各种物体模板，矿泉水瓶等塑料瓶瓶罐罐，幼儿绘画作品，衣架等
		2	有趣的广告纸	包装纸，挂历纸，广告纸
		3	创意壳贴	鸡蛋壳，花生壳
		4	多变的屑花	木屑，铅笔屑，刨花
十月份	1．喜欢涂涂画画活动。 2．尝试用不同的线条、图形、颜色等初步进行有规律的装饰活动。 3．感受规律的有序美，体验创作的乐趣。	1	装饰七彩板	油画棒，水彩笔，汽车，房子等物体底板
		2	好看的花边	长纸条（围巾），塑料袋、纸袋裁剪成的服装、被单等，水彩笔，各种颜色的花形、星形、圆形、三角形等小图案，纸盘，皱纸，毛线，糨糊，抹布
		3	圆盘大变身	圆形、正方形纸盘，水彩笔，各种颜色、形状的小图案，皱纸，毛线，糨糊
		4	脸谱的戏法	京剧脸谱、滑稽人脸谱，毛笔，皱纸，纸盘，颜料，毛笔
十一月份	1．对泥塑活动感兴趣。 2．能综合运用团圆、搓、压等技能，初步进行简单的组合塑造活动。 3．能正确使用各种塑造工具，并注意安全。	1	巧手捏捏看	橡皮泥，泥工板，泥塑范例、照片
		2	圆盘创意造型	纸盘、塑料盘等盘子，雕塑工具
		3	漂亮的花盆	树枝，小花盆等
		4	捏泥真有趣	橡皮泥，泥工板，泥塑工具，辅助物等
十二月份	1．对染色活动感兴趣。 2．尝试用折染、点染等技能染纸，并运用折剪贴等技能进行制作活动。 3．提高动手操作能力及手脑协调能力。	1	好玩的染纸	各种形状的宣纸，红、黄、蓝颜料（单色染）
		2	点点染染	毛笔、各色颜料、宣纸、棉签
		3	美丽的染纸画	多色颜料、宣纸、剪刀、毛笔、棉签等
		4	服装加工厂	小衣服、帽子、手套、毛笔、滴管等

中班美工区材料投放计划

阶段期限	阶段目标	周次	材料准备 名称	材料准备 材料
二三月份	1. 对制作活动感兴趣。尝试利用纸袋、纸筒等筒状、箱状废旧物运用画、剪、贴等技能进行制作活动。 2. 提高动手操作能力。	1	可爱的信封	各种造型、颜色的信封，广告纸，蜡光纸等辅助材料
		2	纸筒变魔术	手纸纸筒、保鲜纸筒等长短不一的纸筒，剪刀，纽扣，锥子，复花
		3	有用的盒子	药盒、酒盒、鞋盒、纸箱等各种大大小小的盒子
		4	瓶罐一家亲	茶罐、易拉罐、剪刀、烧烤棒、塑料袋、广告纸、蜡光纸等
四月份	1. 对不同的画种感兴趣。愿意用不同的工具、材料进行特色画，尝试体验创作的乐趣。 2. 感受不同画种的色彩、线条等方面的独特风格，培养幼儿的审美情趣。 3. 了解毛笔、水粉、砂纸、吹塑纸等几种工具、材料的特点和使用方法。 4. 爱惜材料，有良好的作画习惯。	1	刷画	小牙刷、铁丝网、水粉颜料
		2	刮蜡画	油画棒、刮笔、袖套
		3	对印画	水粉颜料、毛笔、记号笔、油画棒、绘画纸
		4	拓印画	水粉颜料、各色卡纸、羽毛、树叶、积木等各种玩具、实物等
五月份	1. 对折纸活动感兴趣，能以双三角形、双正方形为基本体，折出简单的物体。 2. 具有初步的想象力和手指灵活性。	1	多变双正方形	手工纸、卡纸等各种纸，范例步骤图
		2	多变双三角形	手工纸、卡纸等各种纸，范例步骤图
		3	闽南特色牌坊	各色卡纸、瓦楞纸、花边剪刀等
		4	折纸真好玩	各种卡纸、包装纸、花边剪刀、胶水
六月份	1. 喜欢泥塑活动。尝试运用压坑、连接组合、拉出小部分等技能，有创意地塑造物体基本形象。发展审美表现力和创造能力。 2. 继续学习塑料刀、鸭嘴笔等工具的使用方法。	1	快乐捏泥	橡皮泥，泥工板，擀面杖，塑料刀，鸭嘴笔，玻璃珠，小瓷块等
		2	风味小点	橡皮泥，泥工板，擀面杖，塑料刀，鸭嘴笔，塑造步骤图
		3	瓶子娃娃	乒乓球，蛋壳，各种造型的瓶子，橡皮泥，塑料刀等
		4	创意捏泥	增投瓶子、树枝、珠子等辅助材料

中班美工区材料玩法表

编 号	Z01	编 者	张雅芳
名 称	报纸贴贴乐		
材 料	报纸，手工纸，广告纸，包装纸，糨糊，靴子、花各种物体模板，矿泉水瓶、酸梅罐等各种塑料瓶瓶罐罐，幼儿绘画作品、衣架等		
玩 法	* 把报纸、手工纸等撕成各种形状、大大小小的碎片，后在靴子、花等各种模板上进行平面组拼、粘贴。 * 把撕好的各种长纸条、碎片粘贴在矿泉水瓶等各种塑料瓶瓶罐罐上，进行立体粘贴活动。 * 把绘画作品横向、纵向依次撕下后再按顺序粘贴在衣架或竹竿上，组成一副"活动"的画。		

编 号	Z02	编 者	张雅芳
名 称	有趣的广告纸		
材 料	广告纸，包装纸，挂历纸，浆糊等		
玩 法	* 选择喜欢的纸，撕成圆形、正方形等各种形状。 * 以图形的边为平行线由外向里逐层撕成蚊香状的螺旋圈。 * 把广告纸、包装纸等撕成长短一般长的纸条，用花边剪刀在纸条两头剪出花纹。 * 运用正反折的技能把长纸条的中间部分折好，用三张纸条组合成一朵"绒花"。		

编 号	Z03	编 者	张雅芳
名 称	创意壳贴		
材 料	鸡蛋壳，花生壳，物体轮廓模板，白乳胶，塑料板等		
玩 法	* 把鸡蛋壳、花生壳放在塑料板上压碎，后贴在各种形状的物体底板上，并适当地进行添画，使作品更美。 * 自己设计模板，后利用蛋壳进行创意粘贴。 * 使用颜料给蛋壳画上色。		

中班美工区材料玩法表

编 号	Z04	编 者	张雅芳
名 称	多变的屑花		
材 料	木屑，铅笔屑，刨花，花瓶等物体轮廓模板，白乳胶等		
玩 法	* 利用木屑、铅笔屑、刨花等材料的自然纹理特点，鼓励幼儿根据自己意愿进行创意粘贴。 * 利用大大小小卷曲的刨花创造性地组合粘贴出各种物体形象，如：菊花、毛毛虫、狮子等。		

编 号	Z05	编 者	张雅芳
名 称	装饰七彩板		
材 料	油画棒，水彩笔，汽车、房子等物体底板等		
玩 法	* 在汽车、房子等物体底板上运用不同的图形、线条、颜色尝试有规律的装饰。 * 自我设计图形底板，进行有规律地装饰。		

编 号	Z06	编 者	张雅芳
名 称	好看的花边		
材 料	长纸条（围巾），塑料袋、纸袋裁剪成的服装、被单等，水彩笔，各种颜色的花形、星形、圆形、三角形等小图案，皱纸，毛线，糨糊，抹布		
玩 法	* 选择彩笔、小图案等材料，运用已有的排序经验在"围巾"、"服装"上进行装饰。 * 自己设计不同的装饰图案，进行创意装饰。		

中班美工区材料玩法表

编　号	Z07	编　者	张雅芳
名　称	圆盘大变身		
材　料	圆形、正方形纸盘，水彩笔，各种颜色、形状的小图案，皱纸，毛线，糨糊，抹布		
玩　法	＊ 用皱纸或毛线当流苏有规律的装饰在纸盘的四周，并运用中心向四周辐射等装饰技法装饰盘面，制作成"香妃帽"。 ＊ 利用提供的材料，自己设计图案装饰盘面，装饰后将两个盘子组合在一起成为飞碟。		

编　号	Z08	编　者	张雅芳
名　称	脸谱的戏法		
材　料	京剧脸谱（生旦净末丑），滑稽人脸谱，纸盘，水彩笔，各种颜色、形状的小图案，皱纸，毛线，糨糊，抹布		
玩　法	＊ 欣赏中国传统戏剧脸谱和小丑脸谱探索其装饰特点。 ＊ 用较复杂的花纹、图案在纸盘上运用对称装饰的方法做成脸谱。 ＊ 利用提供的皱纸、毛线或圆形、三角形等各种小图案装饰脸谱。		

编　号	Z09	编　者	张雅芳
名　称	巧手捏捏看		
材　料	橡皮泥，泥工板，牙签，泥塑范例、照片		
玩　法	＊ 观察范例或照片上泥塑，塑造自己喜欢的物体形象。 ＊ 搓、团出长条、圆等基本体，后借助牙签组合塑造成各种物体。		

中班美工区材料玩法表

编　号	Z10	编　者	张雅芳
名　称			圆盘创意造型
材　料	各种形状的纸盘、塑料盘，塑料餐刀，擀面杖，图形或动物模子，橡皮泥等		
玩　法	＊ 用擀面杖把橡皮泥擀成均匀的片状，后用图形模子、动物模子等印出，或用塑料刀切割出各种形状。 ＊ 根据自己的想象在纸盘、塑料盘上用橡皮泥组合拼摆成各种形体。 ＊ 在纸盘上运用橡皮泥进行有规律地装饰。		

编　号	Z11	编　者	张雅芳
名　称	漂亮的花盆		
材　料	树枝，小花盆，塑料刀，牙签、细铁丝橡皮泥，操作流程图等		
玩　法	＊ 用橡皮泥塑造出各种形状的叶子（椭圆形、手掌形、鹅掌形等）后粘贴在小树枝上，组成一盆绿色微观盆景。 ＊ 运用组合的方法塑造菊花、玫瑰等各种花，后粘贴在小树枝上，组成一盆菊花盆景、玫瑰盆景等各种花的盆景。		

编　号	Z12	编　者	张雅芳
名　称	捏泥真有趣		
材　料	橡皮泥，塑料刀，擀面杖，牙签、树枝、毛线、珠子等辅助材物，范例步骤图示		
玩　法	＊ 尝试看范例步骤图，尝试立体塑造。 ＊ 运用泥塑工具和各种辅助材料，按意愿进行简单的立体组合塑造。		

中班美工区材料玩法表

编 号	Z13	编 者	张雅芳
名 称	好玩的染纸		
材 料	宣纸（有的裁剪成花、汽车等物体轮廓形状）、剪刀，手工纸、颜料，抹布等		
玩 法	* 把剪成花、汽车等物体轮廓形状的宣纸，或折或揉后以局部沾染颜料的技法进行染纸。 * 自己设计形状，后进行染纸。		

编 号	Z14	编 者	张雅芳
名 称	点点染染		
材 料	各色颜料，毛笔，棉签，宣纸		
玩 法	* 借助毛笔、棉签在宣纸上进行有意识的构图点染。 * 自行设计宣纸形状，后运用点染的技能进行创造性染纸。		

编 号	Z15	编 者	张雅芳
名 称	美丽的染纸画		
材 料	颜料、宣纸、毛笔、棉签、剪刀等		
玩 法	* 在染纸前根据自己的意愿把宣纸剪成各种形状（也可在染完纸后利用染纸作品进行折、剪创作活动）运用折染、点染等染纸方法进行创造性染纸。 * 利用染成的作品或剪或粘进行制作活动。		

中班美工区材料玩法表

编　号	Z16	编　者	张雅芳
名　称	服装加工厂		
材　料	小衣服、帽子、手套、毛笔、滴管等		
玩　法	* 在小衣服、帽子、手套上，用毛笔或滴管进行创造性的染色，染成漂亮的花衣裳等。 * 可根据自己的意愿剪成自己喜欢的衣服造型，并在服装上进行创造性的染色。		

编　号	Z17	编　者	张雅芳
名　称	可爱的信封		
材　料	各种造型、颜色的信封，剪刀，油画棒吸管，广告纸、蜡光纸等辅助材料		
玩　法	* 信封底部压凹做为"鱼嘴"信封口为"鱼尾"，并用广告纸、蜡光纸、手工纸或油画棒等，以剪、画、撕等技能装饰鱼头、鱼身、鱼尾，后用吸管从"鱼腹"穿过，作成"鲤鱼跃龙门"棒偶。 * 在信封上粘贴各种动物的五官，做成各种动物掌偶。 * 利用提供的材料进行创意制作。		

编　号	Z18	编　者	张雅芳
名　称	纸筒大变身		
材　料	手纸纸筒、保鲜纸筒等长短不一的纸筒、剪刀、纽扣、锥子、软绳		
玩　法	* 先用锥子在纸盒或对半剪开的纸筒上戳出孔，后用软绳把纽扣拧在纸盒或纸筒上，制作成镜框等。 * 利用各种长短不一的纸筒剪剪叠叠，粘贴、组合成蛇、竹子等物体。		

中班美工区材料玩法表

编 号	Z19	编 者	张雅芳
名 称	有用的盒子		
材 料	药盒、牛奶盒、鞋盒、纸箱等各种大大小小的盒子		
玩 法	* 用剪刀在纸筒、纸盒边剪出城阙，在筒身、盒身剪出城门，后组合成高低错落的城堡。 * 直接在大小的纸盒上剪出"门窗"，或用各种蜡光纸、手工纸剪出"窗户"、"阳蓬"等贴在盒上，组合成公寓群。 * 运用已有的制作技能与同伴合作进行创造性制作活动。		

编 号	Z20	编 者	张雅芳
名 称	瓶罐一家亲		
材 料	茶罐，雪碧、七喜等易拉罐，剪刀，烧烤棒，塑料袋，广告纸、蜡光纸等辅助材料。		
玩 法	* 茶罐，雪碧、七喜等易拉罐等剪成船身，塑料袋做成船帆，做成独木舟、双头船、乌篷船等各种船。 * 把雪碧、七喜等易拉罐的罐身剪成条状，后借助毛笔、铅笔、筷子的辅助卷曲成各种造型，做成狮子头等。 * 利用提供的材料，发挥想象制作"竹节上的瓢虫"等富有创意的作品。		

编 号	Z21	编 者	张雅芳
名 称	刷画		
材 料	小牙刷、铁丝网、水粉颜料等		
玩 法	* 使用牙刷、铁丝网，选用各种颜色，为作品刷喷底色。 * 使用局部遮盖法，运用刷画的技能进行创作。		

中班美工区材料玩法表

编　号	Z22	编　者	张雅芳
名　称	刮画		
材　料	油画棒，刮画纸，刮画笔，袖套等		
玩　法	* 在刮画纸上画出物体轮廓 * 利用刮画笔的粗细笔尖，根据需要刮出粗细、疏密有致的线条或图形。		

编　号	Z23	编　者	张雅芳
名　称	对印画		
材　料	水粉颜料、毛笔、记号笔、油画棒、绘画纸等		
玩　法	* 绘画纸边对边对齐折，并压出痕迹。 * 用毛笔蘸颜料，运用点、线、色块等随意在半张纸上创作用。 * 对折抹压，出现对折拓印的对称图案。 * 用记号笔和油画棒添画成为有情节的画面。		

编　号	Z24	编　者	张雅芳
名　称	拓印画		
材　料	橡水粉颜料、各色卡纸、白底纸、羽毛、树叶、积木等各种玩具、实物等		
玩　法	* 根据构思选择羽毛等适宜的材料在白底纸上粘贴出所需的形。 * 选择自己喜欢的颜色，在粘贴成形的羽毛等材料上刷色 * 选择色纸覆盖在白底纸上，双手在色纸上抹压有羽毛的部位，使羽毛拓印在色卡纸上。 * 根据拓印的羽毛图样添画出自己喜爱的画面内容。		

中班美工区材料玩法表

编　号	Z25	编　者	张雅芳
名　称	多变双正方形		
材　料	手工纸、卡纸等各种纸，范例步骤图		
玩　法	＊ 按照图示折出双正方形，用水彩笔在折好的双正方形上画出好看的装饰性图案。 ＊ 在双正方形的基础上折出塔、房子等物体，在折好的塔、房子上进行装饰。		

编　号	Z26	编　者	张雅芳
名　称	多变双三角形		
材　料	手工纸、卡纸等各种纸，范例步骤图		
玩　法	＊ 按照图示折出双三角形，用水彩笔在折好的双三角形上画出好看的装饰性图案。 ＊ 在双三角形的基础上折出塔、房子等物体，在折好的塔、房子上进行装饰。		

编　号	Z27	编　者	张雅芳
名　称	闽南特色牌坊		
材　料	各色卡纸、瓦楞纸、花边剪刀等		
玩　法	＊ 以双三角形、双正方形为基本体，变化出棋牌门、燕子角门等各种造型的闽南门。		

中班美工区材料玩法表

编　号	Z28	编　者	张雅芳
名　称	折纸真好玩		
材　料	卡纸、包装纸等各种纸，花边剪刀，透明胶水等		
玩　法	* 折出双三角形或双正方形为基本体，运用折、剪、组合等技能，想象变化为各种物体。		

编　号	Z29	编　者	张雅芳
名　称	快乐捏泥		
材　料	橡皮泥，泥工板，擀面杖，塑料刀，鸭嘴笔，塑造步骤图		
玩　法	* 借鉴塑造步骤图进行塑造。 * 运用已有的塑造技能，塑造简单的物体。		

编　号	Z30	编　者	张雅芳
名　称	风味小点		
材　料	橡皮泥，泥工板，擀面杖，塑料刀，鸭嘴笔，玻璃珠，小瓷块等		
玩　法	* 把橡皮泥分成若干块，用擀面杖擀平，压坑，放入馅（玻璃珠）后用拉出小部分，塑造小笼包等风味小吃。 * 运用已有的塑造技能发挥想象塑造出"动物年糕"、"荷花包"等各种造型的风味小点。		

中班美工区材料玩法表

编　号	Z31	编　者	张雅芳
名　称	瓶子娃娃		
材　料	乒乓球，海洋球，蛋壳，亲嘴小麻子等各种造型的食品瓶子、罐子，橡皮泥，塑料刀，辅助材料（小树叶、花瓣、珠子等）		
玩　法	＊ 以蛋壳、各种食品瓶子、罐子做娃娃的身体，乒乓球、海洋球做娃娃的头，后用各种颜色的橡皮泥塑造娃娃的头发、衣服等。 ＊ 利用提供的辅助材料对娃娃进行装饰。		

编　号	Z32	编　者	张雅芳
名　称	创意捏泥		
材　料	各种造型的食品瓶子、罐子，乒乓球，海洋球，蛋壳，橡皮泥，泥工板，塑料刀，牙签、鸭嘴笔等		
玩　法	＊ 运用压坑、连接组合、拉出小部分等塑造技能，发挥想象进行创意塑造。 ＊ 自由结伴、组合，尝试有主题的塑造活动。		

中班数学区材料投放计划表

阶段期限	阶段目标	周次	材料准备	
			名称	材料
九月份	1. 积极参与探索图形活动。 2. 运用多种方法对图形进行折叠、分割等操作活动，尝试自定方法进行分类、统计、排序。 3. 能用语言表述分类、排序、统计的过程和结果。	1	分月饼	橡皮泥、黄瓜块、萝卜块、剪刀、分割示意图等
		2	图形找家	分类板、肯定、否定标记、记录纸、分类棋、连线图
		3	图形变变变	图形组合图案、图形统计表
		4	建围墙	小棒、线、圆圈等辅助材料、排序板、几何图形
十月份	1. 激发对数探究活动的兴趣，乐意与同伴交流分享自己的发现。 2. 尝试用多种方式表现对数的感知，并进行数数和简单的配对、接龙活动。 3. 能在操作中感知事物的数量关系。	1	数字找朋友	扑克牌、标记卡、不同数量的实物卡片、分类盒
		2	送礼物	数字瓶、小棒、"送礼物"操作盒
		3	对对碰	数字卡片、圆点卡片、对应排列板、图片贴绒、暗棋
		4	数形接龙	数形接龙卡片、排序规律卡
十一月份	1. 积极探索周围环境中各种物品的异同。 2. 尝试根据物品的粗细、宽窄、厚薄等差异进行排序。 3. 欣赏、发现生活中事物排列的规律美。	1	比一比	粗细不同的小棒、线、瓶子、棍子、橡皮筋
		2	铺路棋	宽窄不同的纸板、套盒、铺路棋
		3	摸箱	摸箱、厚薄不同的物品、分类盒
		4	接龙游戏	瓶子若干、排序接龙卡（卡片上印有两个粗细不同的物品）
十二月份	1. 积极参与操作活动。 2. 尝试通过操作各种物品感知图形和数量。 3. 尝试自定规则进行游戏。	1	拼拼看	智力拼图、数字拼图
		2	下棋	数字棋、飞行棋等
		3	接龙	数字卡片、扑克牌
		4	转转转	数字转盘、扑克牌

中班数学区材料投放计划表

阶段期限	阶段目标	周次	材料准备 名称	材料准备 材料
三月份	1．乐意探索，尝试运用多种方法使图形发生变化，感知整体与部分的关系。 2．尝试根据物体特征，按一定的规律进行排序和分类。 3．能用语言描述排序和分类的过程的结果。	1	变化的图形	各种几何图形、剪刀、萝卜、青瓜等
		2	图形找朋友	图形分合示意图、几何图形
		3	铺路	各种几何图形、小棒、圆圈等辅助材料
		4	小小修路工	图形统计表、"铺路材料"
四月份	1．喜欢参与数学探究活动。 2．尝试用各种方式感知数量的多少，初步能将获得的数量经验运用到生活中。 3．初步具有分析、比较、判断的能力。	1	小树叶找妈妈	带有数字的小树叶、树妈妈
		2	开花店	花瓶、花篮、花朵、数字卡片、圆点卡片
		3	小娃娃走楼梯	楼梯图片、小娃娃图片、数字卡片
		4	数字商店	各种不同的瓶子、数字卡片、小棒、实物卡片
五月份	1．喜欢各种统计活动。 2．尝试用自己喜欢的方法记录统计的结果。 3．乐意与同伴交流分享自己的经验。	1	每样有多少	蝴蝶、小兔等图形组合图案、统计表、笔
		2	不同的帽子	不同装饰图案的帽子、衣服等实物图、记录表
		3	分水果	水果图片、盘子、标记图、自制统计表
		4	找朋友	小娃娃图片（穿不同服装）、自制统计表
六月份	1．积极探索周围环境中物体所处的位置。 2．尝试用不同的序数表示物体的排列次序。 3．感知上下、前后等不同的方位。	1	娃娃的衣柜	衣柜、娃娃服装
		2	小动物旅馆	动物旅馆、小动物图片、记录纸
		3	跳方格	格子棋盘、小娃娃图片、骰子
		4	蝴蝶找花	花园背景图、各种颜色花朵、蝴蝶图片

中班数学区材料玩法表

编　号	Z01	编　者	廖婉瑜
名　称	分月饼		
材　料	橡皮泥、黄瓜块、萝卜块、玩具小刀、分割示意图等		
玩　法	* 看分割示意图学习分割方法，用玩具小刀尝试将"月饼"（橡皮泥、黄瓜块、萝卜块）分成两个一样大的图形。 * 尝试运用不同的方法，对材料进行分割，改变图形的形状。		

编　号	Z02	编　者	廖婉瑜
名　称	图形找家		
材　料	分类板、肯定、否定标记、记录纸、分类棋、连线图		
玩　法	* 根据自己选择的肯定、否定标记，为分类板上的几何图形分类，并做记录。 * 根据骰子上的数字，按顺时针方向走，若走到相同形状的图案，就可跳到前面同一形状图案的格子里，先走到终点者为胜。（2-4人游戏）		

编　号	Z03	编　者	廖婉瑜
名　称	图形变变变		
材　料	图形组合图案、图形统计表		
玩　法	* 观察图形组合图案，寻找图中的各种图形，并用图形统计表统计各种图形的数量。 * 发挥自己的想象，选择需要的几何图形，拼摆图案，并统计使用的各种图形的数量。		

中班数学区材料玩法表

编　号	Z04	编　者	廖婉瑜
名　称	建围墙		
材　料	几何图形、小棒、线、圆圈等辅助材料、排序板		
玩　法	＊ 根据排序板上的规律，选择适当的材料接着往后排序，建造"围墙"。 ＊ 尝试运用不同的材料，按自己设计的规律在排序板上进行排序，建出漂亮的"围墙"。		

编　号	Z05	编　者	廖婉瑜
名　称	数字找朋友		
材　料	扑克牌、标记卡、不同数量的实物卡片、分类盒		
玩　法	＊ 将数字标记卡插在分类盒上，再将不同数量的实物卡片按数字标记分类（放入相同数量的分类盒中）。 ＊ 两名幼儿一名持扑克牌，一名持实物卡，每次拿出一张牌，遇到数量相同的就配对摆放；数量不同的就各自收回。（2人游戏）		

编　号	Z06	编　者	廖婉瑜
名　称	送礼物		
材　料	数字瓶、小棒、"送礼物"操作盒		
玩　法	＊ 根据数字瓶上的数字或实物卡片的数量，插上相应数量的小棒。 ＊ 按"礼物袋"上的数量（或数字）制作相同数量的小礼物（小图片），再放入"礼物袋"中。		

中班数学区材料玩法表

编　号	Z07	编　者	廖婉瑜
名　称	对对碰		
材　料	数字卡片、圆点卡片、对应排列板、贴绒卡片、暗棋		
玩　法	＊ 为数量相同的数字卡片和圆点卡片配对，并根据圆点卡片的点数，贴上相应数量的图案。 ＊ 将数字卡片和圆点卡片倒扣，分别摆放在暗棋的棋盘两边，幼儿每人每次只能翻一张卡片，数量相同的配对拿出；不同的仍放回原处。		

编　号	Z08	编　者	廖婉瑜
名　称	数形接龙		
材　料	数形接龙卡片、排序规律卡		
玩　法	＊ 将数字与相同数量的物品相连接，看谁接得又对又快。 ＊ 按排序卡上的排列规律，循环画出相应数量的图形。		

编　号	Z09	编　者	廖婉瑜
名　称	比一比		
材　料	粗细不同的小棒、线、瓶子、棍子、橡皮筋		
玩　法	＊ 用橡皮筋束起不同数量的小棒，从而改变小棒的粗细，再进行比较。 ＊ 尝试运用不同粗细的材料，按一定的规律进行排序。		

中班数学区材料玩法表

编　号	Z10	编　者	廖婉瑜
名　称	铺路棋		
材　料	宽窄不同的纸板、套盒、铺路棋		
玩　法	* 从起点开始掷骰子，掷到几就走几步。如格子中有动物图案的，要说出动物的名称；空格的就要寻找与格子相同宽窄的"砖"（纸板）来"铺路"，铺对的才能继续往前走。（2-3人游戏） * 比较纸板的宽窄，并将它套在与它相同宽窄的套盒里。		

编　号	Z11	编　者	廖婉瑜
名　称	摸箱		
材　料	摸箱、厚薄不同的物品（纸、盒子）、分类盒		
玩　法	* 从摸箱中逐一取出物品，并将取出的物品按自己设计的规律进行排序。 * 从摸箱中摸一个物品，说出它的特点，再拿出来，说对的就放入相应的分类盒中，说错的放回箱子里。（2-3人游戏）		

编　号	Z12	编　者	廖婉瑜
名　称	接龙游戏		
材　料	瓶子若干、排序接龙卡（每张卡片上印有2个粗细不同的物体）		
玩　法	* 自由选择各种瓶子进行比较，并根据瓶子的粗细差异，为瓶子排队。 * 轮流出卡片，第1人出卡片后，第2人要根据卡片上后一个物体的粗细，从手中卡片中找出前一个物体与它一样粗细的卡片接上，如果手中无卡片可接，就轮下一个人，手中卡片先出完的为胜。（2-4人游戏）		

中班数学区材料玩法表

编 号	Z13	编 者	廖婉瑜
名 称	拼拼看		
材 料	智力拼图、数字拼图、范图		
玩 法	＊ 2-3人为一组，看范图上的数字或图片进行拼图。比比看谁拼得又快又对。 ＊ 互相交流和讲述图上内容。		

编 号	Z14	编 者	廖婉瑜
名 称	下棋		
材 料	数字棋		
玩 法	＊2人一组各持一些数字棋，倒放在两边的棋盘上，游戏时分别各拿起一个数字棋，比比谁的数字大，大者为胜。 ＊ 幼儿自定玩法、规则进行玩棋。		

编 号	Z15	编 者	廖婉瑜
名 称	接龙		
材 料	数字卡片、扑克牌		
玩 法	＊ 2-3人一组，各持一些数字卡片或扑克牌玩接龙的游戏。 ＊2-3人一组，各持一些扑克牌，游戏时，根据扑克牌的花色进行分类，并比较数量的多少。 ＊ 自定玩法和规则并进行游戏。		

中班数学区材料玩法表

编　号	Z16	编　者	廖婉瑜
名　称	转转转		
材　料	数字转盘、扑克牌		
玩　法	* 转动数字转盘的指针，当指针指向哪个数字，就拿出与数字相应的实物或卡片放在圆盘中，以拿对者为胜。 * 自定玩法和规则并进行游戏。		

编　号	Z17	编　者	廖婉瑜
名　称	变化的图形		
材　料	几何图形、剪刀、萝卜、青瓜等		
玩　法	* 尝试运用多种方法如：折叠、分割、拼摆等，使图形或萝卜、青瓜块的形状改变。 * 将几个小的几何图形组合成一个新的形状（圆形、正方形、三角形、长方形等形状）。		

编　号	Z18	编　者	廖婉瑜
名　称	图形找朋友		
材　料	图形分合示意图、几何图形、图案范例		
玩　法	* 根据图形分合示意图，寻找相应的几何图形进行拼摆、组合。 * 将几何图形分割后，再选择需要的图形进行拼图，并寻找出与图案中相同的图形。		

中班数学区材料玩法表

编　号	Z19	编　者	廖婉瑜
名　称	铺路		
材　料	各种几何图形、小棒、圆圈等辅助材料		
玩　法	* 以"铺路"的形式，尝试根据物品的特征，运用各种几何图形和辅助材料进行有规律的排序，铺出各式各样的路。 * 按指定的规律选用合适的材料将"路"铺完整。		

编　号	Z20	编　者	廖婉瑜
名　称	小小修路工		
材　料	"铺路"材料、材料统计表		
玩　法	* 选择需要的材料，自定规律进行"铺路"，并借助材料统计表，用自己的方式统计"铺路"所用的各种材料的数量。 * 将没有按规律进行"铺路"的地方改正过来，再统计出所用材料的数量。		

编　号	Z21	编　者	廖婉瑜
名　称	小树叶找妈妈		
材　料	带有数字、花纹的小树叶、树妈妈		
玩　法	* 先观察有哪些大树，再找出相应的树叶宝宝放在大树上。 * 观察树妈妈身上的数字是多少，找出相应数量的树叶宝宝和树妈妈组成一家。 * 根据每片树叶上的数字，找出相应花纹数量的树妈妈。		

中班数学区材料玩法表

编 号	Z22	编 者	廖婉瑜
名 称	开花店		
材 料	花瓶、花篮、花朵、数字卡片、圆点卡片		
玩 法	* 根据点卡、数卡的数量选择相同数量的花朵进行扎花或插花。 * 根据花瓶、花篮的数字，插上比它多 1 或少 1 的花。		

编 号	Z23	编 者	廖婉瑜
名 称	小娃娃走楼梯		
材 料	楼梯图片、小娃娃图片、数字卡片		
玩 法	* 持娃娃图片，按从上到下或从下到上的不同顺序，说出娃娃上下楼梯的台阶序号。 * （2 人游戏）将娃娃任意放在一级台阶上，幼儿互相抽卡片，抽到几，娃娃就按从上到下或从下到上的顺序走到相应的台阶上，并鼓励幼儿说出娃娃所在台阶的序号。		

编 号	Z24	编 者	廖婉瑜
名 称	数字商店		
材 料	各种粗细、高矮不同的瓶子、数字、实物卡片、小棒		
玩 法	* 将各种不同特征的瓶子按一定的规律排好，并说出按什么规律排序。 * 根据瓶子上的数字、实物卡片，在瓶子里插上相应数量的小棒。		

中班数学区材料玩法表

编　号	Z25	编　者	廖婉瑜
名　称	每样有多少		
材　料	蝴蝶、小兔等图形组合图案、统计表、几何图形卡片		
玩　法	* 观察组合图案，找出各种组合的图形，并按它们的特征进行分类和统计。 * 幼儿自创组合图案，并根据图形特征分类、统计。		

编　号	Z26	编　者	廖婉瑜
名　称	不同的叶子		
材　料	不同特征的叶子、统计表		
玩　法	* （个别游戏）幼儿根据叶子的不同点和相同点，自定标记进行分类计数。 * （合作游戏）摆出所有的叶子，观察寻找出叶子的共同之处，并与同伴合作，制定统计方式进行分类统计。		

编　号	Z27	编　者	廖婉瑜
名　称	分水果		
材　料	水果图片、盘子、自制统计表、标记图		
玩　法	* 根据水果的名称、颜色、数量等特征为水果进行分类，并在统计表上计数。 * 根据盘子上的标记图，选择相应特征的水果放入盘内，并设计标记统计每盘水果的数量。		

中班数学区材料玩法表

编　号	Z28	编　者	廖婉瑜
名　称	找朋友		
材　料	小娃娃图片（穿不同服装）、自制统计表		
玩　法	* 观察小娃娃图片，了解它们的异同点，尝试用自己喜欢的方法统计各种娃娃的数量。 *（2-4人游戏）每位幼儿持若干图片，每人轮流出示图片（一次只能出一张），遇到相同的图片要放在一起，出完所有的图片，大家再一起统计各类娃娃的数量。		

编　号	Z29	编　者	廖婉瑜
名　称	娃娃的衣柜		
材　料	自制衣柜、娃娃服装		
玩　法	* 在衣柜上标上号码，并根据娃娃服装上的号码，将服装放在相应的衣柜里。 *（2人游戏）一幼儿说出娃娃服装上的号码，另一幼儿根据号码把服装放在对应的衣柜上，放对的可取一朵红花，看谁得的红花多。		

编　号	Z30	编　者	廖婉瑜
名　称	小动物旅馆		
材　料	动物旅馆、小动物图片、记录纸		
玩　法	*（1人游戏）任意取一张小动物图片，按小动物身上的房间号，把小动物送回家，放在对应的房子上。 *（2人游戏）一幼儿说出小动物住的门牌号，另一幼儿根据门牌号把小动物送回家，放在对应的房子上，放对的可取一朵红花，看谁得的红花多。 * 记录什么小动物住在哪里。		

中班数学区材料玩法表

编　号	Z31	编　者	廖婉瑜
名　称	跳方格		
材　料	格子棋盘、小娃娃图片、骰子		
玩　法	＊（2人游戏）以"娃娃跳格子"的形式，幼儿轮流将娃娃放入棋盘的格子中，另一幼儿则应说出娃娃所在的位置，说对的可将娃娃取走，娃娃得到最多的为胜。		

编　号	Z32	编　者	廖婉瑜
名　称	蝴蝶找花		
材　料	花园背景图、各种颜色的花朵、蝴蝶图片		
玩　法	＊结合花园背景图，将花或蝴蝶任意放在花园里，并分别说出它们所处的位置。 ＊（2人游戏）一幼儿将花朵摆成一排，另一幼儿从不同的方向观察寻找某种颜色的花排在第几位；将蝴蝶放在任意一朵花前，另一幼儿根据蝴蝶的位置，从不同方向观察，并说出某种颜色的蝴蝶停在第几朵花前。		

中班音乐区材料投放计划表

阶段期限	阶段目标	周次	材料准备 名称	材料
九月份	1．喜欢参加音乐、舞蹈活动，尝试选择服装、道具自行搭配、设计和装扮，并随音乐自编动作、大方表演。 2．体验装扮表演的乐趣。 3．积累有关设计、装扮、表演的经验。	1	四季歌	《四季歌》磁带；四季水果；四季服
		2	会变的季节	《四季歌》磁带；树藤、荷叶、丝巾、彩带等道具
		3	服装秀	草裙、亮彩服、婚纱等自制服装
		4	环保时装秀	报纸、夹子、塑料袋、广告纸、布条等废旧材料
十月份	1．有初步的倾听能力，能听辨活泼、舒缓两种不同性质的曲子。 2．尝试通过匹配动作、图片、乐器等形式表现对乐曲的不同理解。 3．认识活泼、舒缓良种不同性质的曲子，积累不同形式表现乐曲的经验。	1	会唱歌的乐器	三角铁、碰铃、沙球、铃鼓；不同性质的乐曲
		2	变"换"莫测	各种不同表情的娃娃（笑、哭等）、舒缓、活泼等不同性质的乐曲
		3	白天和夜晚	有关热闹与安静的小图片；白天与夜晚的场景；活泼与舒缓的音乐
		4	音乐写生	水彩笔、纸张；不同性质的乐曲
十一月份	1．能正确使用碰铃、三角铁等乐器，为乐曲伴奏。 2．感受不同乐曲的节奏。 3．培养幼儿的节奏感.	1	小乐器找家	铃鼓、圆舞板、串铃等小；分类盒（表示清脆与沉闷音色的家）；各种动物头饰
		2	节奏之家	简单的 2/2、2/4 拍的节奏卡片若干
		3	翻翻乐	可翻阅的节奏小图书（2/2、2/4、3/4 拍）；三角铁、碰铃等乐器
		4	节奏骰子	骰子上贴有各种节奏型
十二月份	1．有初步的节奏常识，常识更换节奏符号，创编简单的节奏型。 2．体验节奏游戏的乐趣。	1	符号小子	可组合的各种简单节奏符号：如延长线、附点等
		2	你拍我拍	可粘贴的节奏条若干
		3	小小乐曲	自制可操作、粘贴的节奏挂谱
		4	小小音乐家	各种乐器及节奏挂谱、指挥棒

中班音乐区材料投放计划表

阶段期限	阶段目标	周次	材料准备	
			名称	材料
三月份	1. 感受喜庆乐曲的欢乐气氛，初步了解浓厚的民间传统艺术文化。 2. 尝试选择喜爱的方式表达过节时欢快的情绪。 3. 激发幼儿参与活动的兴趣。	1	过大年	元宵节的图片若干、喜庆的乐曲等
		2	联欢会	有关元宵节的图片；红灯笼、鼓、花灯等道具；喜庆的乐曲
		3	芝麻开门	各种颜色的节奏信封、元宵图片、喜庆欢乐的乐曲
		4	大富翁	节奏信封、元宵图片、棋子
四月份	1. 对闽南民间舞蹈产生兴趣，了解其主要的节奏型及基本动作。 2. 尝试创编闽南民间舞蹈的动作进行表演。 3. 培养幼儿的创造力。	1	民间舞蹈知多少	各种典型民间舞图片。如《天黑黑》《彩球》《元宵风情》《惠女》等
		2	趣味舞蹈棋	民间舞蹈的道具图片、服装图片、动作示范图片等
		3	模仿秀	各种民间舞蹈的道具。如彩球、惠女帽、扇子等；《天黑黑》、《群丑献艺》等乐曲
		4	自编自演	《群丑献艺》的乐曲；民间舞蹈的照片 vcd 资料；民间服装、道具及若干小图片（火鼎公婆、拍胸、彩球等）；动作图
五月份	1. 感知乐曲中欢快与舒缓等不同的旋律。 2. 尝试运用听、画、说、舞等手段多通道参与感知与表现。 3. 培养幼儿对音乐的表现力	1	脸谱	各种舒缓不一、性质不同的乐曲如《森林里》《奇妙的音乐》等；不同情绪的脸谱娃娃
		2	小乐器的歌声	表现欢快、舒缓等不同性质的分类盒；碰铃、响铃、大鼓、铃鼓等不同音质的小乐器
		3	会跳舞的线条	不同性质、情绪的乐曲；不同颜色的画纸、彩笔若干、不同的线条范图
		4	随乐起舞	不同情绪、性质的乐曲；绸带、扇子、帽子、棍子等舞蹈道具
六月份	1. 乐于参与节奏活动，能积极探索图形谱的使用方法。 2. 初步尝试设计简单的图形标记并选择乐器进行视谱演奏。 3. 激发幼儿创作的热情。	1	有趣的图形谱	图形节奏谱一张、乐器若干
		2	小小设计师	彩色空白板、各种图形卡；纸张、笔
		3	会跳舞的音符	五线谱板、高音符号、几种简单分值的音符
		4	音乐会	五线谱板、高音符号；玩具小钢琴等小乐器；简单的乐谱五线乐谱

中班音乐区材料玩法表

编 号	D01	编 者	郑晓静、秦宇红
名 称	四季歌		
材 料	《四季歌》磁带；四季水果；四季服装		
玩 法	* 欣赏《四季歌曲》中不同性质的乐曲，感受不同乐曲的情绪变化。 * 根据四季歌曲的不同，选择相应的"水果"道具进行表演。 * 在选择与匹配中了解四季水果的名称。		

编 号	D02	编 者	郑晓静、秦宇红
名 称	会变的季节		
材 料	《四季歌》磁带；树藤、荷叶、丝巾、彩带等简单的道具		
玩 法	* 自由选择道具的进行装扮 如：春天选择绿藤缠绕在身上、夏天选择荷叶头饰、丝巾进行装扮等。 * 根据四季歌曲的不同进行表演。 * 交流自己的装扮及表演。		

编 号	D03	编 者	郑晓静、秦宇红
名 称	服装秀		
材 料	草裙、亮彩服、小肚兜等各种服装；〈四季歌曲〉磁带		
玩 法	* 根据自己的需要大胆的选择各种不同的服饰进行装扮。 * 根据音乐的变化大胆地进行表演，并启发创编不同的动作、造型。		

中班音乐区材料投放表

编　号	D04	编　者	郑晓静、秦宇红
名　称	环保时装秀		
材　料	报纸、夹子、塑料袋、广告纸、布条等废旧材料；〈动感地带〉的磁带		
玩　法	＊ 选择各种废旧材料自行设计制作成各种简易的服装。 ＊ 配上音乐大胆地进行时装表演。		

编　号	D05	编　者	郑晓静、秦宇红
名　称	会唱歌的乐器		
材　料	三角铁、碰铃、沙球、铃鼓；等不同性质的乐曲		
玩　法	＊ 自由选择乐器敲敲、打打感受不同乐器的音质。 ＊ 为不同性质的乐曲选择适合的乐器进行伴奏。		

编　号	D06	编　者	郑晓静、秦宇红
名　称	变"换"莫测		
材　料	各种不同表情的娃娃（笑、哭、伤心等）、舒缓、活泼等不同性质的乐曲		
玩　法	＊ 倾听音乐，并根据乐曲的不同性质取出不同的脸谱娃娃。 ＊ 辨别不同性质的音乐，并做相应的动作。		

中班音乐区材料投放表

编 号	D07	编 者	郑晓静、秦宇红
名 称	白天与夜晚		
材 料	有关热闹与安静的小图片；白天与夜晚的背景图；活泼与舒缓的音乐磁带		
玩 法	＊ 倾听不同性质的乐曲，感受音乐的不同情绪。 ＊ 根据对音乐的不同理解，选择各种图片分别张贴在白天与夜晚的背景图上。 ＊ 配上音乐将组合成的图片编成有趣的音乐故事。		

编 号	D08	编 者	郑晓静、秦宇红
名 称	音乐写生		
材 料	水彩笔、纸张；不同性质的乐曲		
玩 法	＊ 倾听不同性质的乐曲，感受理解音乐的不同情绪。 ＊ 以线条、符号或绘画的形式表现对音乐的不同理解，并尝试用语言进行表达。		

编 号	D09	编 者	郑晓静、秦宇红
名 称	小乐器找家		
材 料	铃鼓、圆舞板、串铃等小乐器；分类盒（表示清脆与沉闷两种不同音色的家）		
玩 法	＊ 自由选择小乐器敲敲打打，感受不同乐器的不同音色。 ＊ 将不同音色的乐器送到各自的家中。（音色分类）		

中班音乐区材料投放表

编　号	D10	编　者	郑晓静、秦宇红
名　称	节奏之家		
材　料	简单的2/2、2/4拍的节奏卡片若干		
玩　法	＊视节奏卡徒手进行拍打。 ＊自由选择乐器进行伴奏。		

编　号	D11	编　者	郑晓静、秦宇红
名　称	翻翻乐		
材　料	可翻阅的节奏小图书（2/2、2/4、3/4拍）三角铁、碰铃等乐器		
玩　法	＊翻阅不同节拍的小图书，并自由选择各种乐器进行配伴奏。		

编　号	D12	编　者	郑晓静、秦宇红
名　称	节奏骰子		
材　料	自制的节奏骰子、各种小乐器		
玩　法	＊选择不同的节奏骰子，拼摆成完整的乐句。 ＊持乐器为自己拼摆成的节奏拼图伴奏。		

中班音乐区材料投放表

编　号	D13	编　者	郑晓静、秦宇红
名　称	符号小子		
材　料	可自由组合的各种简单节奏符号如：延长线、附点等		
玩　法	＊ 选择单拍子的节奏符号自由组合成简单的二拍子、四拍子节奏型。 ＊ 把组合成的节奏型粘贴在挂谱上进行配伴奏。		

编　号	D14	编　者	郑晓静、秦宇红
名　称	你拍我拍		
材　料	可粘贴的节奏条若干		
玩　法	＊ 自由选择粘贴节奏条创造性的组合成新的节奏型。 ＊ 为组合成的节奏型配伴奏。		

编　号	D15	编　者	郑晓静、秦宇红
名　称	小小乐曲		
材　料	自制可操作的节奏挂谱		
玩　法	＊ 自由选择乐器为搭配组合成的完整节奏谱配伴奏。		

中班音乐区材料投放表

编　号	D16	编　者	郑晓静、秦宇红
名　称	小小音乐家		
材　料	各种乐器及节奏挂谱、指挥棒		
玩　法	＊ 自由选择乐器并视节奏谱进行配乐伴奏。 ＊ 一名幼儿手持指挥棒，指挥其他幼儿整齐地伴奏。		

编　号	D17	编　者	郑晓静、秦宇红
名　称	过大年		
材　料	元宵节的图片若干、喜庆的乐曲等		
玩　法	＊ 欣赏元宵节的有关图片，感受节日的欢快气氛。 ＊ 配乐模仿图片中的舞蹈动作进行表演表现节日的喜庆。		

编　号	D18	编　者	郑晓静、秦宇红
名　称	联欢会		
材　料	有关元宵节的图片；的红灯笼、鼓、花灯等道具；欢快喜庆的节乐曲		
玩　法	＊ 感受欢快、喜庆的乐曲，欣赏元宵节的有关图片，感受节日的欢快气氛。 ＊ 选择有关元宵节的各种舞蹈道具进行配乐表演。		

中班音乐区材料投放表

编　号	D19	编　者	郑晓静、秦宇红
名　称	芝麻开门		
材　料	各种颜色的节奏信封、元宵图片、喜庆欢快的乐曲		
玩　法	＊ 选择各种颜色的信封并拍打信封外的节奏型。 ＊ 信封外的节奏型拍打正确就可将信封打开取出元宵图片。 ＊ 根据元宵图片的内容进行表演。		

编　号	D20	编　者	郑晓静、秦宇红
名　称	大富翁		
材　料	节奏信封、元宵图片、棋谱、骰子、棋子		
玩　法	＊ 两人轮流以掷骰子下棋形式游戏，以最快到达终点的棋子为优胜。 ＊ 棋谱中设有若干障碍（节奏信封），遇到障碍者需按信封上的节奏拍打，拍打正确方可取出信封中的图片（有关元宵图片）。 ＊ 模仿元宵图片中的活动创编简单的舞蹈动作。如"吃元宵、滚元宵图"即可创编简单的、生活化的动作。		

编　号	D21	编　者	郑晓静、秦宇红
名　称	民间舞蹈知多少		
材　料	各种典型民间舞图片，如《天黑黑》《彩球》《元宵风情》《惠女》等		
玩　法	＊ 欣赏民间舞蹈的有关照片或 VCD，积累相关的经验，初步了解民间舞蹈的基本特征。 ＊ 模仿民间舞蹈的有关动作，感受民间舞蹈的美。		

中班音乐区材料投放表

编　号	D22	编　者	郑晓静、秦宇红
名　称	趣味舞蹈图		
材　料	道具图片、服装图片、动作示范图片等		
玩　法	＊ 结合图片，选择相应的服饰、道具、节奏分别为《火鼎公婆》、《拍胸舞》、《彩球舞》、《惠安女》等进行匹配。 ＊ 自由选择各种道具、服饰如：烟枪、扑扇、彩球等自行装扮，并配乐表演。 ＊ 参考模仿动作示意图进行表演。		

编　号	D23	编　者	郑晓静、秦宇红
名　称	模仿秀		
材　料	各种民间舞的道具。如彩球、惠女帽、扇子等；〈天黑黑〉、〈群丑献艺〉等乐曲		
玩　法	＊ 欣赏有关民间舞蹈的 VCD 或图片，感受民间舞蹈的艺术美。 ＊ 大胆选择民间舞蹈服饰进行装扮并配乐表演。		

编　号	D24	编　者	郑晓静、秦宇红
名　称	自编自演		
材　料	《群丑献艺》的乐曲；民间舞蹈的照片 VCD 资料；民间服装、道具及若干图片（火鼎公婆、拍胸、彩球等）；动作图		
玩　法	＊ 自由地选择道具、乐曲、服装进行装扮。 ＊ 在教师的指导、启发下大胆地创编不同的造型、动作。		

中班音乐区材料投放表

编　号	D25	编　者	郑晓静、秦宇红
名　称	脸谱		
材　料	各种舒缓不一、性质不同的乐曲如《森林里》《奇妙的声音》等；不同情绪的脸谱娃娃		
玩　法	＊ 听音取脸谱。幼儿倾听《森林里》的音乐，并根据乐曲的不同性质取出不同的脸谱娃娃。如：活泼欢快的音乐取出笑脸的娃娃；缓慢舒缓的音乐取出伤心或睡觉的娃娃等		

编　号	D26	编　者	郑晓静、秦宇红
名　称	小乐器的歌声		
材　料	表现欢快、舒缓等多种不同性质的乐曲分类盒；碰铃、响板、大鼓、铃鼓等不音质的乐器		
玩　法	＊ 敲敲打打各种小乐器，感受乐器的不同音质及表达的情绪。 ＊ 根据小乐器的不同音质及表现情绪，结合分类盒进行匹配。		

编　号	D27	编　者	郑晓静、秦宇红
名　称	会跳舞的线条		
材　料	不同音乐情绪的乐曲；不同颜色的画纸、彩笔若干、不同线条的范图		
玩　法	＊ 欣赏不同性质的乐曲，感受不同的音乐情绪。 ＊ 根据不同的音乐情绪，涂画不同的线条，表现对音乐的不同理解。		

中班音乐区材料投放表

编 号	D28	编 者	郑晓静、秦宇红
名 称	随乐起舞		
材 料	不同情绪、性质的乐曲；绸带、扇子、帽子、棍子等道具		
玩 法	* 欣赏不同性质的乐曲，感受乐曲的不同情绪。 * 选择喜欢的道具，随着音乐的不同旋律翩翩起舞。		

编 号	D29	编 者	林玲玲
名 称	有趣的图形谱		
材 料	图形节奏谱一张、乐器若干		
玩 法	* 根据乐器发出的不同声音将乐器与图形一一相配。如"★""▲""____"分别与串铃、三角铁、铃鼓匹配。 * 自由地为节奏谱选择各种图形符号进行搭配，并配伴奏。		

编 号	D30	编 者	林玲玲
名 称	小小设计师		
材 料	彩色空白板、各种图形卡；纸张、笔		
玩 法	* 根据自己的意愿选择图形卡在彩色空白板上设计节奏谱。 * 可以大胆地在纸张上设计画出不同的节奏谱，并进行配伴奏。		

中班音乐区材料投放表

编　号	D31	编　者	郑晓静、秦宇红
名　称	会跳舞的音符		
材　料	五线谱板、高音符号、几种简单分值的音符		
玩　法	＊ 认识几种简单分值的音符及高音符号，了解单拍子音符的 7 个不同位置的基本唱名。 ＊ 尝试视简单的五线谱哼唱出简单的乐句 ＊ 在了解 7 个基本唱名的基础上，尝试在五线谱上摆出不同的小乐句。		

编　号	D32	编　者	林玲玲
名　称	音乐会		
材　料	五线谱板、高音符号；玩具小钢琴等小乐器；简单的五线乐谱		
玩　法	＊ 认识几种简单分值的音符及高音符号，了解单拍子音符的 7 个不同位置的基本唱名。 ＊ 尝试视简单的五线谱哼唱出简单的乐句 ＊ 使用玩具小钢琴等小乐器演奏简单的五线谱乐句。		

中班语言区目标、材料投放计划

阶段期限	阶段目标	周次	材 料 准 备	
			名称	材料
九月份	1. 关心周围事物，能够参与资料的收集并讲述。 2. 愿意与同伴交流自己的见闻及感受。 3. 能大方连贯地讲述发生在自己周围的事物。	1	快乐家庭	照片（如我的家人、家庭生活照等）
		2	快乐生活	照片：幼儿活动剪影等
		3	玩具世界	幼儿玩具、宠物等
		4	动画世界	幼儿熟悉的动画人物图书、vcd
十月份	1. 喜欢听说游戏，能遵守规则游戏。 2. 探索游戏玩法，学习运用语言和道具大胆表达。 3. 具有初步的听说能力。	1	录音游戏	播音员、录音机头饰
		2	传话游戏	图文并茂的图谱
		3	猜猜它是谁	猜猜它是谁
		4	你说我做	国王头饰
十一月份	1. 喜欢讲述游戏，在操作中体验乐趣。 2. 能借助图片在排、拼、组合中围绕一件事，运用丰富的词汇、完整的语言进行讲述。	1	排图讲述	背景图、动物、人物小图片
		2	组图讲述	废旧图书（供剪贴）固体胶、剪刀、白纸、色笔
		3	翻牌讲述	翻牌讲述图片
		4	拼图讲述	拼图（单幅、多幅）
十二月份	1. 对录音故事感兴趣，能专心倾听、理解故事内容。 2. 能按录音指令做出反应。 3. 学会与同伴协商选择恰当的材料、方式进行表演。	1	听故事找错	录音机、录音磁带等
		2	小演员	头饰、服饰、道具等
		3	故事表演	木偶架、掌偶、信偶、仗偶、指偶等
		4	皮影戏	皮影道具、台灯

中班语言区目标、材料投放计划

阶段期限	阶段目标	周次	材料准备 名称	材料准备 材料
二、三月份	1．关注周围事物，积极参与资料的收集并讲述，喜欢与同伴交流自己的感受、见闻。 2．感受语言交流的乐趣。 3．能用清楚、完整的语言讲述发生在自己周围的事，并使用学过的词汇描述常见事物的主要特征。	1	过新年	过新年照片、图画、报纸剪贴
		2	元宵乐	元宵节活动照片、图画、报纸剪贴
		3	旅游	幼儿旅游照片
		4	家乡美景	泉州十八景图片、动物小图片、泉州地图
四月份	1．喜欢与同伴一起参与语言游戏，感受游戏的愉悦。 2．能在游戏中借助图片，发挥想象，运用学过的词汇完整、连贯地讲述。 3．能遵守规则与同伴友好合作，进行游戏。	1	迷宫故事	迷宫图片
		2	拼图故事	单幅拼图、多幅拼图
		3	骰子故事	贴上图片的骰子棋
		4	棋类故事	以棋谱为背景的图片
五月份	1．培养自觉爱护图书的情感。尝试用简单的工具、材料、修补图书。 2．初步了解并制作小图书的基本方法。 3．理解图书画面的联系和情节的发展，能用完整连贯的语言讲述事件的发生、发展、结果。	1	图书讲述	图书、图片等
		2	连环画讲述	滚动式电视图、连环画
		3	幼儿作品讲述	幼儿自制图书，绘画作品等
		4	自制图书	废旧图书、画笔、纸、剪刀、固体胶等
六月份	1．对文学作品感兴趣。 2．能专心倾听，理解故事内容和人物的性格特征。 3．学会选择恰当的材料布置场景，制作简单表演道具，与同伴合作游戏。	1	故事会	读书郎、录音机、磁带
		2	制作道具	小瓶罐、信封、小棍、卡纸、剪刀、画笔等
		3	木偶表演	木偶架、掌偶、自制道具、木偶等
		4	舞台表演	头饰、服饰、道具、百宝箱等

中班语言区材料玩法表

编 号	Z01	编 者	庄志红
名 称	快乐家庭		
材 料	家庭成员生活照片		
玩 法	* 介绍家庭成员的称谓、姓名、工作、外表特征。 * 介绍家庭成员的脾气、喜好及在家庭生活中言行。 * 根据照片内容，结合生活经验，讲述自己与家人的生活。		

编 号	Z02	编 者	庄志红
名 称	快乐生活		
材 料	幼儿旅游照片，在园活动剪影		
玩 法	* 观察照片内容，运用学过的词汇，描述旅游景点的景色。 * 回忆当时情景，讲述自己或他人当时的行为和感受。 * 观察照片内容，回忆发生在幼儿园活动中的情景，讲述自己或同伴在活动中发生的事件、情节。		

编 号	Z03	编 者	庄志红
名 称	玩具世界		
材 料	幼儿宠物、各种玩具		
玩 法	* 介绍自己或同伴喜欢的宠物或玩具的名称、特征、玩法。 * 将各种玩具进行分类，讲述它们的共同点和不同点。(制作材料、用途、操作方法等) * 玩玩具并用动词、形容词等词汇讲述自己玩的情况及体验。		

中班语言区材料玩法表

编　号	Z04	编　者	庄志红
名　称	动画世界		
材　料	幼儿熟悉的动画人物图书、动画片		
玩　法	＊ 介绍自己知道的动画片的名称、人物、内容。 ＊ 谈谈自己喜欢的动画片，与同伴交流有趣的内容、情节。 ＊ 扮演动画人物，根据动画片内容创编故事，并用完整的语言与同伴互相讲述。		

编　号	Z05	编者	庄志红
名称	录音游戏		
材料	播音员、录音机头饰		
玩　法	＊ 两人一组面对面做好，一人当播音员，一人当录音机，播音员说完一句话，按一下录音机的按键（幼儿的手），录音机将句子完整地"播放"重述一遍，此游戏可交换角色进行。		

编　号	Z06	编者	庄志红
名称	传话游戏		
材料	图文并茂的图谱		
玩　法	＊ 幼儿做成一排，第一位幼儿翻看传话图谱，向下一位幼儿说一句话描述图谱内容。幼儿一个接一个地将话悄声往下传直至最后一位幼儿，看看是否传得正确。		

中班语言区材料玩法表

编 号	Z07	编 者	庄志红
名 称		猜猜它是谁	
材 料		录有动物或玩具谜语的录音磁带、录音机、相关动物、玩具卡片	
玩 法		＊ 认真倾听谜语录音，根据谜面猜测谜底，并找出谜底卡片，比比谁猜得快又准。 ＊ 尝试运用录音中的谜语句式编谜语，让同伴猜。	

编 号	Z08	编 者	庄志红
名 称		你说我作	
材 料		国王头饰	
玩 法		＊ 两人或数人一组，一位幼儿当国王发号施令，其他幼儿听指令做动作。如：国王说："眼睛"，其他幼儿就用手指眼睛，国王说："请你弯弯腰"，其他幼儿就做弯腰动作。国王可逐渐加快语速，其他幼儿的动作也随之加快。	

编 号	Z09	编 者	庄志红
名 称		排图讲述	
材 料		背景图、动物、人物小图片	
玩 法		＊ 选择小图片在背景图上操作，根据画面内容创编简单情节的小故事。 ＊ 结伴操作图片，根据画面内容以角色的身份合作创编简单情节的小故事。	

中班语言区材料玩法表

编号	Z10	编者	庄志红
名称	组图讲述		
材料	废旧图书、白纸、剪刀、固体胶、色笔		
玩 法	* 剪下废旧图书上的图案，选择图片组合成一幅有情节的画面。 * 根据组合的画面，大胆创编，运用丰富的词汇和完整的语言讲述有情节的故事。		

编号	Z11	编者	庄志红
名称	翻牌讲述		
材料	双页或三页翻式图片（一页场景或天气、一页角色）		
玩 法	* 自由翻阅、组合图片，根据图片内容大胆创编并讲述事件发生时的天气、场景、角色行为。 * 幼儿结伴两人翻图，共同创编并讲述事件发生的天气、场景、角色的行为、心理活动及对话。		

编号	Z12	编者	庄志红
名称	拼图讲述		
材料	拼图（单幅、多幅）		
玩 法	* 参照底图拼图，然后根据图片上的内容讲述图片中发生的事件。 * 将多幅图逐一拼好，再把图片按事物发展的逻辑顺序进行有序排列，并根据图片内容进行合理的情节想象，运用完整连贯的语言有条理地表达图片内容。		

中班语言区材料玩法表

编 号	Z13	编 者	庄志红
名 称	听故事找错		
材 料	录音机、有逻辑错误的故事录音磁带		
玩 法	* 引导幼儿用正确方法操作录音机，认真倾听故事录音，找出其中有错误的地方。 * 将更正后的故事进行完整讲述，并录音请同伴欣赏。		

编 号	Z14	编 者	庄志红
名 称	小演员		
材 料	头饰、服饰、道具等		
玩 法	* 与同伴协商划分场地，选择材料布置合理的表演场景。 * 选择恰当的服饰装扮自己扮演角色，用夸张的动作、生动的表情、语言进行表演熟悉的文学作品。		

编 号	Z15	编 者	庄志红
名 称	故事表演		
材 料	木偶架、掌偶、信偶、仗偶、指偶等		
玩 法	* 以木偶架为依托，学习使用各种偶具，表演熟悉的文学作品。 * 使用各种偶具，用生动的语气、语调、表情，自由表演。		

中班语言区材料玩法表

编　号	Z16	编　者	庄志红
名　称	皮影戏		
材　料	皮影布景、台灯		
玩　法	＊ 正确操作皮影道具，借助灯光或选择光线充足的场所进行表演。 ＊ 选择喜欢的皮影道具表演，创编生动的角色对话和合理的故事情节。		

编　号	Z17	编　者	庄志红
名　称	过新年		
材　料	春节照片、图片、剪报等相关资料		
玩　法	＊ 收集与春节相关的剪报、图片，用恰当完整的语言讲述有关节日的民俗活动。 ＊ 向同伴介绍自己过节的经历和感受。		

编　号	Z18	编　者	庄志红
名　称	元宵乐		
材　料	元宵节活动照片、图片、剪报等相关资料		
玩　法	＊ 以元宵节为契机，收集相关的剪报、图片，用恰当完整的语言讲述有关节日的民俗活动。 ＊ 向同伴介绍自己过节的经历和感受。		

中班语言区材料玩法表

编　号	Z19	编　者	庄志红
名　称	旅游		
材　料	幼儿旅游照片、图画作品		
玩　法	* 借助照片或图画向同伴介绍自己游玩的经历和感受。 * 用连贯、趣味的语言讲述自己的见闻。		

编　号	Z20	编　者	庄志红
名　称	家乡美景		
材　料	动物小图片、泉州十八景图片、泉州地图		
玩　法	* 在泉州地图上贴出泉州十八景的方位。 * 以小动物旅游的形式游戏，结合自己的生活经验，讲述泉州十八景景色。 * 向同伴介绍自己游览过的泉州十八景的经历和感受。		

编　号	Z21	编　者	庄志红
名　称	迷宫故事		
材　料	迷宫图片		
玩　法	* 按照迷宫规则从入口开始寻找出口，每经过一处关卡时用清楚、恰当的语言讲述经历。 * 按照迷宫规则走完迷宫，根据迷宫内容大胆想象并讲述富有情节的历险经过。		

中班语言区材料玩法表

编 号	Z22	编 者	庄志红
名 称	拼图故事		
材 料	单幅拼图、多幅拼图		
玩 法	* 将图片拼完整，然后根据拼图上的图案，运用学过的词汇、语句讲述内容。 * 结合将多幅图片拼完整并排图，然后编构合理的故事情节。		

编 号	Z23	编 者	庄志红
名 称	骰子故事		
材 料	画有图案的骰子		
玩 法	* 选择骰子摇动，然后运用学过的词汇恰当地描述图上的事物。 * 自己或结伴摇骰子，然后根据所摇图片进行排图，并运用学过的语句完整连贯地讲述一件事。		

编 号	Z24	编 者	庄志红
名 称	棋类故事		
材 料	以各种棋谱为背景的图片		
玩 法	* 结伴轮流摇骰子走语言棋，并运用学过的词汇，完整连贯地讲述所处位置的画面内容，并以最先到达终点为胜。 * 结伴玩语言棋，逐一经过每个棋格，观察棋格画面的内容创编故事情节，以讲述得完整、恰当者为胜。		

中班语言区材料玩法表

编 号	Z25	编 者	庄志红
名 称	图书讲述		
材 料	单页多幅图书		
玩 法	* 用正确方法翻阅图书，观察画面内容，联系上下画面的情节，完整、合理地讲述故事。 * 以复述的形式，讲述自己看过的图书的内容。		

编 号	Z26	编 者	庄志红
名 称	连环画讲述		
材 料	滚动式电视图、插入式电视图		
玩 法	* 用正确方法滚动连环画，并用完整连贯地语言讲述事件的发生、发展、结果。 * 为几幅相关联的画进行不同顺序的排图，插入屏幕，然后编出合理完整的故事。		

编 号	Z27	编 者	庄志红
名 称	幼儿作品讲述		
材 料	幼儿绘画作品		
玩 法	* 展示自己的绘画作品，并大胆地向同伴讲述作品中的内容。 * 根据同伴绘画作品的画面内容，大胆想象故事情节并完整连贯地讲述出来。		

中班语言区材料玩法表

编　号	Z28	编　者	庄志红
名　称	自制图书		
材　料	废旧图书、画笔、纸、剪刀、固体胶等		
玩　法	＊ 将废旧图书上的图案剪下， 贴在图画纸上并进行添画，制作成富有情节的图书，并讲述。 ＊ 将不完整的图书页面补画上符合图书情节的图案并讲述。		

编　号	Z29	编　者	庄志红
名　称	故事会		
材　料	读书郎、录音机、磁带		
玩　法	＊ 用正确方法操作学具，认真倾听读书郎或故事录音指令，并作出相应的语音反馈。 ＊ 认真倾听故事录音，然后复述故事内容。		

编　号	Z30	编　者	庄志红
名　称	制作道具		
材　料	信封、卡纸、小瓶罐、画笔、剪刀、固体胶等		
玩　法	＊ 有目的地选择材料，运用画、折、剪、贴等技能自制表演道具。 ＊ 根据自制表演道具大胆想象，创编简单情节的故事。 ＊ 运用自制的表演道具与同伴结伴讲述、表演熟悉的文学作品。		

中班语言区材料玩法表

编　号	Z31	编　者	庄志红
名　称	木偶表演		
材　料	掌偶、木偶、木偶架、幼儿自制道具等		
玩　法	＊与同伴进行协商，选择木偶表演道具，以木偶架为依托进行表演。		

编　号	Z32	编　者	庄志红
名　称	舞台表演		
材　料	头饰、服饰、道具等		
玩　法	＊选择恰当的服饰装扮自己扮演角色，学习用动作、表情、语言表演熟悉的文学作品。 ＊创编并表演简单情节的故事。		

大班科学区材料投放计划表

阶段期限	阶段目标	周次	材料准备 名称	材料准备 材料
九月份	1. 能积极愉快地参与探索活动。 2. 通过独立自主地操作，发展弹力的各种科学经验，有解决简单问题的能力。 3. 初步学习测量记录的方法，培养幼儿的观察能力和创造能力。	1	弹性玩具真好玩	各种弹性玩具若干个
		2	弹簧真好玩	弹簧、测量工具、记录表
		3	拉线板	钉有毛线、牛皮筋、橡胶线、松紧带的木板、记录公斤、各种弹性不同的线
		4	拉力器	酸奶瓶、橡皮筋、水管等废旧材料
十月份	1. 对空气压力现象产生兴趣，有探究的欲望。 2. 运用各种观察、探索的方法，发现空气的存在，感知有关空气压力的现象。 3. 培养幼儿初步的推理、判断和表达能力。	1	空气在哪里	各种吹气玩具、空瓶、吸管、水、脸盘等
		2	不湿的手绢	玻璃杯、小手绢、清水、脸盆
		3	吹气喷泉	带瓶盖的透明瓶子、红、黄色饮料吸管
		4	什么东西能挡光	手电筒、应急灯、蜡烛、台灯、胶片、蜡光纸、木板、塑料板、玻璃片、布
十一月份	1. 有探索光的世界的积极性和主动性。 2. 会运用观察、记录、测量、实验等方法，探究光的现象及其在人们的生活中的应用。 3. 发展幼儿的观察力、思维力和解决问题的能力。	1	平面镜照照照	大小相同的平面镜、小玩偶
		2	能干的潜望镜	制作潜望镜图示、PVC 管、两面大小相同的平面镜、两个 PVC 管弯头（弯头的直径要比小镜子稍大）
		3	有趣的影子	手电筒、各种玩具、笔台灯、纸
		4	美丽的万花筒	3 块大小相等的长方形镜子、长方形硬纸板、彩色纸屑、圆形透明盒、有孔塑料盒、彩色即时贴、胶带、制作万花筒步骤图
十二月份	1. 对生活中"电"现象产生兴趣，乐意动手尝试各种有关"电"的实验。 2. 能选择自己喜欢的方法记录实验结果，并与同伴、老师交流自己的发现。 3. 积累有关电的粗浅科学经验，了解电的简单常识及其与人的关系。	1	接线路	铜、铁、毛、塑料线若干、线路板（电池、螺丝、灯泡）
		2	电风扇	电池、开关、马达、卡纸、剪刀
		3	眼睛亮了	回形针、自制各种动物头像、小灯泡、电池、电线
		4	电动转椅	电池盒、马达、开关、铁钉

大班科学区材料投放计划表

阶段期限	阶段目标	周次	材料准备 名称	材料准备 材料
二、三月份	1. 乐意参与探索活动，通过观察、操作、比较等让幼儿在探索中获得有关球体运动的感性经验。 2. 积极探索不同球体在不同坡度、坡面的运动速度. 3. 养幼儿有序、操作的良好习惯。	1	不一样的流动	皮球、薯片罐、纸杯、小木棍
		2	球的滚动	各种大小、重量不同的球、笔、记录纸
		3	球与坡度	积木、画板、球、记录纸、笔
		4	球与坡面	积木、洗衣板、球、记录纸、笔、小地毯、小草席
四月份	1. 对磁性玩具感兴趣，乐意同伴交流自己的发现。 2. 初步学会利用磁铁的特性解决生活中遇到的问题。 3. 能在观察探究的基础上完成制作磁性玩具，积累制作磁性玩具的感性经验。	1	铁钉变磁铁	放有电池的电池板、铁钉、电线、细小的铁片
		2	指南针	大头针、缝衣针、磁铁、小纸片、流程图
		3	好玩的磁铁	两极磁铁、铁片、铁圈、别针、铁钉、双色粘线
		4	走迷宫	各种纸、回形针、塑料纸、迷宫
五月份	1. 对各种化学现象感兴趣，能积极参与探索。 2. 通过观察、探究、实验手段，让幼儿了解简单的化学现象。 3. 学习记录所观察到的变化，培养幼儿的观察能力和探究操作。	1	捉迷藏	淀粉、滴管、碘水、食物、镊子、（面包青菜等）
		2	打狐狸	氯化铁、硫氯化铵溶液、棉花、木夹、方形纸等
		3	晴雨花	二氯化钴溶液、电吹风、喷雾器、镊子、沾有二氧化钴的纸花
		4	会变色的茶水	茶水、氯化铁、草酸、滴管、记录纸、玻璃瓶
六月份	1. 能积极探索主动参地参与探索平衡的活动。 2. 过游戏、实验的手段进一步丰富幼儿对平衡的感性认识。 3. 培养幼儿的观察能力和思维能力。	1	小动物站住	串珠、纸、橡皮泥、铁线、三角形积木
		2	小动物耍杂	珠子、铁线、橡皮泥、积木
		3	找平衡	橡皮泥、小动物、平衡器
		4	顶纸板	碗、纸板、平衡木、沙包等

大班科学区上学期材料表

编 号	D01	编 者	曾彩娜、林冬妮
名 称	弹性玩具真好玩		
材 料	各种弹性玩具若干		
玩 法	* 自由玩各种收集来的弹性玩具,说说它们的外形和玩法有什么不同。 * 分享自己的玩法,并比较谁的弹力好。 * 按弹性玩具的特征进行分类,说说自己的分类标准并统计。		

编 号	D02	编 者	曾彩娜、林冬妮
名 称	弹簧有多长		
材 料	弹簧、测量工具、记录表		
玩 法	* 尝试用自己喜欢的方式测量没拉长前的弹簧长度,并与拉过的比较,说说谁的长? 为什么? * 比较不同粗细的弹簧,再拉看,比比谁的长度比较长。 * 交流测量的结果和测量的方法,说说谁的方法好,为什么。		

编 号	D03	编 者	曾彩娜、林冬妮
名 称	拉线板		
材 料	钉有毛线、牛皮筋、橡胶线、松紧带的木板、记录工具、各种弹性不同的线		
玩 法	* 在木板上自由拉弹性不同的线,观察比较哪一条线弹性大,并做记录。 * 玩各种弹性不同的线,并与同伴讨论自己的玩法及比较各种线的弹性大小。		

大班科学区上学期材料表

编 号	D04	编 者	曾彩娜、林冬妮
名 称	拉力器		
材 料	制作拉力器的示意图、酸奶瓶、橡皮筋、水管等废旧材料		
玩 法	＊ 选择自己喜欢的材料看图示制作拉力器。 ＊ 玩拉力器，比一比谁的拉得长，为什么。 ＊ 向同伴介绍自己的制作方法。		

编 号	D05	编 者	曾彩娜、林冬妮
名 称	空气在哪里		
材 料	各种吹气玩具、空瓶、吸管、水、脸盆等。		
玩 法	＊ 将吹气玩具和空瓶放进水里，看看有什么现象产生，与同伴边玩边讨论为什么？ ＊ 用吸管往脸盆里的水吹气，观察水面上有什么现象，互相讨论为什么？		

编 号	D06	编 者	曾彩娜、林冬妮
名 称	不湿的手绢		
材 料	玻璃杯、小手绢、清水、脸盆		
玩 法	＊ 将小手绢塞到玻璃杯的底部，塞紧。然后把玻璃杯口朝下垂直放入盛有水的盆中，观察其产生的现象。 ＊ 幼儿拿两个同样底部塞紧小手绢的玻璃杯，并同时放入水中，一个垂直放入吊一个倾斜放入，观察小手绢的变化，并思考为什么会这样？		

大班科学区上学期材料表

编 号	D07	编 者	曾彩娜、林冬妮
名 称	火箭上天		
材 料	制作火箭图示、纸筒、塑料袋、纸		
玩 法	* 选择自己喜欢的材料制作各种造型不同的火箭。 * 通过纸筒向塑料袋内吹满气，并把塑料袋口用手拽紧，防止空气外泄。把火箭放在纸筒的另一端，并向上托着塑料袋，挤压塑料袋并放开塑料袋口，看看火箭有什么变化，并思考火箭为什么会飞上天？ * 观察与思考：火箭头怎么会脱离瓶身呢？		

编 号	D08	编 者	曾彩娜、林冬妮
名 称	吹气喷泉		
材 料	透明瓶子（瓶盖上已钻好两个孔）、红、黄色饮料吸管若干、示范步骤图		
玩 法	* 选择适当的材料按示范图制作"吹气喷泉"。 * 玩"吹气喷泉"，观察"吹气喷泉"的现象。 * 与同伴比比看谁的喷泉喷得高，为什么？		

编 号	D09	编 者	曾彩娜、林冬妮
名 称	平面镜照照照		
材 料	大小相同的平面镜、小玩偶		
玩 法	* 将两面平面镜的边靠在一起形成夹角，中间摆放小玩偶，反复改变夹角大小，观察镜中成像。 * 用小镜子把太阳光反射到物体或墙面上，形成光斑，然后相互捕捉。		

大班科学区上学期材料表

编　号	D10	编　者	曾彩娜、林冬妮
名　称	能干的潜望镜		
材　料	制作潜望镜图示、PVC 管、两面大小相同的平面镜、两个 PVC 管弯头（弯头的直径要比小镜子稍大）		
玩　法	* 自选材料、依图示制作潜望镜。 * 试试在潜望镜中能看到什么。 * 用潜望镜观察不同位置的物体。		

编　号	D11	编　者	曾彩娜、林冬妮
名　称	有趣的影子		
材　料	手电筒、各种玩具、笔台灯、纸		
玩　法	* 将物体放在手电筒、台灯等照明物前观察物体成象大小与光源的远近关系。 * 画自己喜欢的物体影子。		

编　号	D12	编　者	曾彩娜、林冬妮
名　称	美丽的万花筒		
材　料	3 块大小相等的长方形镜子、长方形硬纸板、彩色纸屑、圆形透明盒、有孔塑料盒、彩色即时贴、胶带、制作万花筒步骤图		
玩　法	* 选择合适的材料依据步骤图进行制作。 * 通过万花筒一端的小孔往另一端看，看看镜面上有什么美丽的图案。 * 旋转另一端的透明盒，看看美丽图案有什么变化。		

大班科学区上学期材料表

编 号	D13	编 者	曾彩娜、林冬妮
名 称	接线路		
材 料	铜、铁、毛、塑料线若干、线路板（电池、螺丝、灯泡）		
玩 法	* 观察线路板上断开的线路，尝试用各种线将继开的地方连接好，使线路板上的灯泡亮起来。 * 相互交流自己的探索方法及过程。		

编 号	D14	编 者	曾彩娜、林冬妮
名 称	猜猜谁会亮		
材 料	电池、开关、电线、金属和非金属、剪刀		
玩 法	* 探索怎样连接线路让灯泡亮起来。 * 将接好的线路与金属或非金属物连接，看在哪种情况下灯泡会发光。 * 与同伴交流自己的发现。		

编 号	D15	编 者	曾彩娜、林冬妮
名 称	眼睛亮了		
材 料	回形针、自制各种动物头像、小灯泡、电池、电线、笔、记录纸		
玩 法	* 尝试将小灯泡、电池、电线连接，使各种小动物的眼睛亮起来，并把实验结果记录下来。 * 自由结伴，交流电珠不亮的原因。		

大班科学区材料表

编　号	D16	编　者	曾彩娜、林冬妮
名　称	电动转椅		
材　料	电池、电池盒、开关、马达、导线、卡纸、剪刀		
玩　法	＊ 观察材料，说说可以用这些材料做什么，要怎样做。 ＊ 看图示将马达、电池、开关、转椅用导线连接起来，使转椅转动。 ＊ 与同伴交流自己的操作方法。		

编　号	D17	编　者	曾彩娜、林冬妮
名　称	不一样的滚动		
材　料	皮球、薯片罐、纸杯、小木棍		
玩　法	＊ 用手滚动皮球、薯片罐、纸杯，观察它们滚动的路线有什么不同。 ＊ 自由结伴，观察皮球、薯片罐、纸杯的外部形状，并探究其形状与滚动的路线的关系。		

编　号	D18	编　者	曾彩娜、林冬妮
名　称	球的滚动		
材　料	各种大小、重量不同的球、记录表		
玩　法	＊ 比较球的不同，按不同的特征分类。 ＊ 探索球的大小与滚动速度的关系，并记录下来。 ＊ 探索重量不同的球于滚动的关系，并记录下来。		

大班科学区材料表

编 号	D19	编 者	曾彩娜、林冬妮
名 称	球于坡度		
材 料	积木、画板、球、记录表、笔		
玩 法	* 选择核算的积木搭斜坡，观察不同的球在相同坡度上的滚动情况，并用适当的符号记录。 * 探索相同的球在不同坡度上的滚动情况并记录下来。 * 与同伴分享自己的探索和记录情况。		

编 号	D20	编 者	曾彩娜、林冬妮
名 称	球与坡面		
材 料	积木、洗衣板、球、记录纸、笔，毛巾、小地毯		
玩 法	* 选择合适的积木搭斜坡，探索球在不同坡面的滚动情况，说说自己的发现。 * 讨论："坡面的光滑与粗糙和球的滚动有何关系"？		

编 号	D21	编 者	曾彩娜、林冬妮
名 称	铁钉变磁铁		
材 料	放有电池的电池板、铁钉、电线、细小的铁片		
玩 法	* 把电线一圈圈地缠绕在铁钉上，并露出电线的两头。将铁钉上的电线两端连接到放有电池的电池板的电线两端。 * 在连接电线的正负极之前，先拿铁棒轻轻去碰小铁片，看有什么变化。 * 接好电池后，再让幼儿拿铁钉去轻轻碰小铁片，观察有什么新发现。		

大班科学区材料表

编 号	D22	编 者	曾彩娜、林冬妮
名 称	指南针		
材 料	大头针、缝衣针、磁铁、小纸片、流程图		
玩 法	* 观察流程图，尝试自选材料动手制作指南针。 * 利用指南针判断物体的方位。		

编 号	D23	编 者	曾彩娜、林冬妮
名 称	好玩的磁铁		
材 料	两极磁铁、铁片、铁圈、别针、铁钉、双色粘线		
玩 法	* 观察磁铁上两极的标记，把相同和不同磁极放在一起看看有什么变化。 * 探索磁铁两边的磁性有什么不同。		

编 号	D24	编 者	曾彩娜、林冬妮
名 称	走迷宫		
材 料	各种纸动物、回形针、塑料板、迷宫、磁铁棒		
玩 法	* 探索迷宫板上的起点终点及路线。 * 将动物放在塑料板上，手持磁铁棒走迷宫。		

大班科学区材料表

编 号	D25	编 者	曾彩娜、林冬妮
名 称	捉迷藏		
材 料	面粉、地瓜粉、米粉、面包、饼干、地瓜、马铃薯、香蕉、青菜叶、白萝卜等，牛奶、水、碘水、滴管、镊子、擦手布		
玩 法	* 幼儿动手尝试用牛奶、橘子水、水等不同溶液在纸上寻找隐身娃娃。 * 在白纸上用面粉糊、地瓜糊、米粉糊蘸，画图案，待干后喷上碘水看看发现了什么？		

编 号	D26	编 者	曾彩娜、林冬妮
名 称	打狐狸		
材 料	氯化铁溶液（1）硫氰化铵溶液（2）棉花木夹、方形纸、棉签		
玩 法	* 将沾有氯化铁溶液的飞标投向狐狸，观察狐狸的变化。 * 会变的溶液：将1、2号溶液混合，观察有什么变化。 * 设计手帕：将两种溶液分别蘸在你想变色的不同图案中，再次感受两种溶液合在一起的化学变化。		

编 号	D27	编 者	曾彩娜、林冬妮
名 称	晴雨花		
材 料	二氯化钴溶液、电吹风、灌有清水的喷雾器、白色小纸条、镊子、纸花（沾二氯化钴）		
玩 法	* 用电吹风对准沾有二氯化钴溶液的纸花吹，观察发生什么现象。 * 将小纸条蘸粉红色溶液，用电吹风对准小纸条吹干，看看有什么变化。 * 在沾有二氯化钴的纸花上喷清水，观察发生什么现象？讨论："为什么会变粉红色"。		

大班科学区材料表

编 号	D28	编 者	曾彩娜、林冬妮
名 称	会变的茶水		
材 料	茶水（1）氯化铁（2）草酸（3）滴管、玻璃瓶、记录纸、彩笔		
玩 法	＊ 将茶水与氯化铁溶液混合，观察产生的现象。 ＊ 幼儿用电吹风对准沾有二氯化钴的纸花吹，观察产生什么现象？并做好记录。 ＊ 将变色的茶水与草酸混合后观察产生什么现象，并做好记录。		

编 号	D29	编 者	曾彩娜、林冬妮
名 称	小动物站住		
材 料	铁线、三角形积木、小动物平衡玩具、串珠、线、铁线段、橡皮泥		
玩 法	＊ 让小动物站在桌上，再让三角形木块站在桌上，看看出现什么现象，为什么？ ＊ 想办法让小动物在铁线制成的三脚架站住，不摇晃，并与同伴交流自己的经验。 ＊ 让小动物站在三角形木块上，看看出现什么现象，为什么？ ＊ 让小动物举着材料进行表演。		

编 号	D30	编 者	曾彩娜、林冬妮
名 称	找平衡		
材 料	平衡器、橡皮泥、小动物卡片		
玩 法	＊ 自由探索使平衡器平衡的方法。 ＊ 在平衡器两边挂不同重量的东西，每边只用其中的一个钩，想想如何使平衡器保持平衡。		

大班科学区材料表

编 号	D31	编 者	曾彩娜、林冬妮
名 称	顶纸板		
材 料	塑料碗、纸板、塑料瓶		
玩 法	* 幼儿用手指托纸板，使纸板保持平衡，并用笔画出平衡点。 * 幼儿用塑料瓶口顶碗，轻轻地向前移动瓶身，使瓶口上的碗保持平衡。 * 交流自己的经验。		

编 号	D32	编 者	曾彩娜、林冬妮
名 称	不倒的棋子		
材 料	象棋子、直尺		
玩 法	* 猜猜如果用尺子把最下面的一个棋子打跑，上面的棋子会怎样？ * 将象棋子整齐地叠成一摞。然后用尺子与自己的棋子平行的方向快速击打任一棋子，看谁能让其他棋子不倒。 * 探索尺子击打的角度及速度对棋子稳定性的影响。		

大班美工区材料投放计划表

阶段期限	阶段目标	周次	名称	材料
九月份	1，乐于参加美术活动。 2，尝试选择不同的材料运用学过的绘画技能进行作画，积累有关构图、用色的经验。 3，具有良好的绘画卫生习惯。	1	砂纸画、瓦片画	砂纸、瓦片、油画棒、彩色粉笔
		2	刮蜡画	刮画纸、旧笔芯、竹制刮刀
		3	吹画	吸管、水粉颜料
		4	粉笔画	黑板、牛皮纸、彩色粉笔、抹布
十月份	1，对泥塑活动感兴趣，体验泥塑创作的乐趣。 2，能正确使用多种辅助材料，综合运用搓、压扁、粘接等多种泥塑技能创造性地塑造各种形象。 3，在泥塑活动中进一步加强对所塑造形象的认识、积累塑造好这些形象的感性经验。	1	一篮水果	橡皮泥、美工板、辅助材料（切刀、印模、牙签、等）
		2	好吃的点心	橡皮泥、美工板、辅助材料（切刀、印模、牙签、等）、各种食品、小点的彩照图案
		3	彩盘	彩泥、纸盘、纸盒、玻璃瓶、辅助材料
		4	彩泥面具	彩泥、彩纸、黑色卡纸、辅助材料
十一月份	1，喜欢参加装饰活动，能大胆地表现自己的情感和体验。 2，乐意运用剪、贴、撕、画、折、染等技能创造性地进行有规律的装饰制作。 3，能认真细致完成作品。	1	美丽的窗花	各色美工纸、剪刀
		2	小染房	宣纸、颜料、抹布
		3	风筝	旧报纸、色纸、绳子、双面胶、固体胶等
		4	彩绘	石头、贝壳、空蛋壳等、毛笔、水粉颜料、调色盘
十二月份	1，对想象、制作等创造性美术活动感兴趣，在活动中体验制作的乐趣，陶冶幼儿愉悦的性情。 2，尝试运用各种材料及废旧物品综合运用画、剪、贴、形体组合等技能，大胆发挥想象力进行创造性的制作活动，获得利用废旧物材料制作的经验。 3，提高动手动脑的能力。	1	各种各样的建筑物	纸箱、纸盒、纸杯、纸盘、纸芯等
		2	太空飞行器	各种大小的饮料瓶、纸盒等
		3	美丽的服装	塑料袋、皱纹纸、旧报纸等
		4	彩瓶	空瓶子、乳胶、色纸、各种颜色的豆类

大班美工区材料投放计划表

阶段期限	阶段目标	周次	材料准备 名称	材料
二、三月份	1. 对美术创作活动感兴趣。 2. 尝试选择不同的材料围绕一定的主题，运用学过的绘画技能进行作画，进行富有个性的创作活动。 3. 能有序地整理自己的绘画材料。	1	铝箔纸画	铝箔纸、毛笔、水粉颜料、调色盘、抹布
		2	浆糊画	彩色浆糊、纸板、玻璃、毛笔、调色盘、小勺
		3	吹塑纸印画	吹塑纸、铅笔、水粉颜料、袖套
		4	漏印画	海绵、各种图案的镂空板、水粉颜料、调色盘、抹布
四月份	1. 乐于参加泥塑活动，体验泥塑创作的乐趣。 2. 能借助辅助材料，进行有创意的泥塑活动。 3. 具有良好的卫生习惯。	1	动物世界	面粉、毛笔、颜料、辅助材料（小豆、贝壳、小珠珠等）
		2	美丽的彩陶	废旧的瓶子、罐子等、彩色面粉、辅助材料（小豆、贝壳、小珠珠等）
		3	生日蛋糕	橡皮泥、美工板、辅助材料（切刀、印模、牙签等）、
		4	不同姿势的人	不同动态的人物图片、彩泥、辅助材料（小家具、小房子、背景图等）
五月份	1. 喜欢参加装饰活动，能大胆地表现自己的情感和体验。 2. 能运用剪、贴、画、折、染等技能创造性地进行装饰制作，提高感受美、创造美的能力。 3. 能认真细致完成作品。	1	美丽的拼贴画	各色美工纸、树叶、图画纸、剪刀、固体胶
		2	环保相框	纸板、各种废旧物（豆类、贝壳、纽扣、瓶盖、塑料袋、等）、乳胶等
		3	奇怪的面具	旧报纸、旧纸箱、色纸、双面胶、固体胶、颜料等
		4	小花伞	色纸、圆形模板、剪刀、彩笔、小竹竿、固体胶等
六月份	1. 对想象、制作等创造性美术活动感兴趣，在活动中体验制作的乐趣。 2. 能大胆发挥想象力，运用各种材料及废旧物品综合运用画、剪、贴、形体组合等技能，进行创造性的制作活动。 3. 养成动手动脑的好习惯。	1	美丽的挂饰	各种废旧物（贝壳、纽扣、纸杯、纸盘、纸芯等）
		2	鲜花店	彩色皱纹纸、美工纸、宣纸、细铁丝、剪刀、颜料、抹布
		3	机器人	各种大小的饮料瓶、纸箱、纸盒、纸杯、纸盘、纸芯等
		4	做彩灯	月饼盒、茶叶罐、纸箱、纸盒、纸杯、纸盘、纸芯、竹子、宣纸、浆糊等

大班美工区材料玩法表

编 号	D01	编 者	查可
名 称	砂纸画、瓦片画		
材 料	砂纸、瓦片、油画棒、彩色粉笔		
玩 法	* 尝试运用彩色粉笔在砂纸、瓦片上任意涂画，感知砂纸、瓦片画的特性。 * 学习运用油画棒在砂纸、瓦片上设计图案进行作画。 * 运用冷、暖对比色块表现砂纸、瓦片画的特点。		

编 号	D02	编 者	查可
名 称	刮蜡画		
材 料	图画纸、油画棒、旧笔芯、牙签、刮刀		
玩 法	* 尝试运用旧笔芯、牙签等工具在蜡纸上任意刮出图案。 * 学习制作各色蜡纸：先用亮色系的油画棒在图画纸上涂上一层，再用暗色（如黑色）的油画棒涂上第二层。 * 运用富有变化的线条和画纹进行刮画，表现刮蜡画的特点。		

编 号	D03	编 者	查可
名 称	吹画		
材 料	吸管、图画纸、水粉颜料		
玩 法	* 用吸管蘸颜料在图画纸上进行想象吹画。 * 学习制作"美丽的烟花"、"树"、"梅花"等吹画作品。		

大班美工区材料玩法表

编　号	D04	编　者	查可
名　称	粉笔画		
材　料	黑板、牛皮纸、彩色粉笔		
玩　法	＊运用线条在黑板或牛皮纸上绘制线条画。 ＊以合作的形式练习粉笔画，运用丰富的线条进行表现。		

编　号	D05	编　者	查可
名　称	一篮水果		
材　料	橡皮泥、美工板、辅助材料（切刀、印模、牙签、等）		
玩　法	＊运用团圆、压扁的技能模拟塑造苹果、橘子、西瓜等各种球形水果。 ＊运用团圆、搓长、捏的技能模拟塑造香蕉、芒果、杨桃等各种不同形状的水果。		

编　号	D06	编　者	查可
名　称	好吃的点心		
材　料	橡皮泥、美工板、辅助材料（切刀、印模、牙签、等）、		
玩　法	＊运用压、印、卷等技能制作花卷、月饼、饼干等点心。 ＊运用包的技能制作水饺、包子等点心。		

大班美工区材料玩法表

编　号	D07	编　者	查可
名　称	彩盘		
材　料	彩泥、纸盘、纸盒、玻璃瓶、辅助材料（小豆、贝壳、小珠珠等）		
玩　法	* 有规律地装饰纸盘的花边。 * 在纸盘上设计图案，运用彩泥及辅助材料进行装饰。		

编　号	D08	编　者	查可
名　称	彩泥面具		
材　料	彩泥、彩纸、黑色卡纸、辅助材料		
玩　法	* 以彩纸或彩泥做出不同的脸型，在脸上塑出立体的五官。 * 根据自己的经验设计不同角色的面具，并设计制作饰品（帽子和首饰）。		

编　号	D09	编　者	查可
名　称	美丽的窗花		
材　料	各色美工纸、剪刀		
玩　法	* 先将美工纸对折成四角，再运用剪的技能设计图案。 * 将美工纸对折成五角和六角，练习剪不同造型的窗花。		

大班美工区材料玩法表

编　号	D10	编　者	查可
名　称	小染房		
材　料	宣纸、旧报纸、颜料、抹布		
玩　法	＊把宣纸对边、对角或用其他折叠方法反复折叠。在纸的各折角处分别浸入不同颜色水中。把纸慢慢打开放在旧报纸上铺平，晾干。 ＊将纸剪成各种几何图形或有趣的物品图形进行染色。		

编　号	D11	编　者	查可
名　称	风筝		
材　料	塑料布、旧报纸、色纸、绳子、双面胶、固体胶等		
玩　法	＊运用对称的方法，采用不同材料制作出各种不同造型的风筝。 ＊综合运用各种装饰方法，美化自己设计的风筝。		

编　号	D12	编　者	查可
名　称	彩绘		
材　料	石头、贝壳、空蛋壳等、毛笔、水粉颜料、调色盘、水彩笔		
玩　法	＊运用彩色水粉在石头、贝壳、蛋壳上进行涂色，制成"五彩石头（贝壳或蛋）"。 ＊运用毛笔或水彩笔在石头、贝壳、蛋壳上自由设计图案进行描画。		

大班美工区材料玩法表

编 号	D13	编 者	查可
名 称	各种各样的建筑物		
材 料	纸箱、纸盒、纸杯、纸盘、纸芯等		
玩 法	* 尝试运用各种废旧纸制品，综合运用画、剪、贴、形体组合等技能设计建构不同造型的建筑物。 * 以主题建构形式合作建构，并能适当运用辅助材料建构。		

编 号	D14	编 者	查可
名 称	太空飞行器		
材 料	废旧水笔、各种大小的饮料瓶、纸盒等		
玩 法	* 尝试运用各种大小不同的材料综合运用剪、贴、形体组合等技能，根据有关图片资料制作太空飞行器。 * 大胆发挥想象力进行创造性地制作各种太空飞行器。		

编 号	D15	编 者	查可
名 称	美丽的服装		
材 料	各种不同款式的服装模板、塑料袋、皱纹纸、旧报纸、剪刀、固体胶、双面胶等		
玩 法	* 尝试运用各种材料及废旧物品，运用模板制作不同款式的服装。 * 综合运用画、剪、贴、等技能，设计装饰制作各种不同款式的服装。		

大班美工区材料玩法表

编 号	D16	编 者	查可
名 称	彩瓶		
材 料	空瓶子、乳胶、色纸、宣纸、颜料、毛笔		
玩 法	* 将彩纸剪碎或撕碎后，用乳胶将纸片粘贴在瓶子上，制成彩瓶。 * 将宣纸粘贴在瓶子上，干后用彩色颜料在上面设计花纹图案进行装饰。		

编 号	D17	编 者	查可
名 称	铝箔纸画		
材 料	铝箔纸、毛笔、水粉颜料、调色盘、抹布		
玩 法	* 尝试学画铝箔纸画：将铝箔纸捏成一团后平展开。再用毛笔沾水粉颜料在有皱折的铝箔纸上绘画。 * 运用冷、暖对比色块表现铝箔纸画的特点。		

编 号	D18	编 者	查可
名 称	浆糊画		
材 料	彩色浆糊、纸板、玻璃、毛笔、调色盘		
玩 法	* 用毛笔沾彩色浆糊在纸板或玻璃上绘画。 * 将浆糊颜料平涂在纸板或玻璃上，再用竹棍或牙签在上面刮出图案。		

大班美工区材料玩法表

编　号	D19	编　者	查可
名　称	吹塑纸印画		
材　料	吹塑纸、图画纸、铅笔、水粉颜料		
玩　法	* 探索使用印画的方法。 * 运用铅笔在吹塑纸上画出图案，学习制作模板。		

编　号	D20	编　者	查可
名　称	漏印画		
材　料	海绵、各种图案的镂空板、水粉颜料、调色盘、抹布		
玩　法	* 选择各种图案的镂空板放在纸上，用海绵沾颜料在镂空板上压印。 * 以合作的方式，围绕某个主题创作漏印画。		

编　号	D21	编　者	查可
名　称	动物世界		
材　料	橡皮泥、毛笔、颜料、辅助材料（切刀、印模、牙签、等）		
玩　法	* 使用多种辅助材料，综合运用搓、压扁、粘接组合等多种泥塑技能模拟地塑造各种动物形象。 * 尝试运用面团创造性地塑造各种动物形象，并用颜料着色。		

大班美工区材料玩法表

编　号	D22	编　者	查可
名　称	美丽的彩陶		
材　料	盒子、瓶子、橡皮泥、美工板、辅助材料（小珠子、豆子、切刀、印模、牙签、等）		
玩　法	＊ 在盒子或瓶子外包裹上彩泥，再镶嵌上珠子贝壳等辅助材料。 ＊ 尝试运用"刻"的方法，在瓶子上刻出不同的花纹和图案。		

编　号	D23	编　者	查可
名　称	生日蛋糕		
材　料	橡皮泥、美工板、辅助材料（小珠子、豆子、切刀、印模、牙签、等）		
玩　法	＊ 运用印模印出蛋糕的模型，运用辅助材料进行装饰。 ＊ 大胆设计不同造型、不同口味的生日蛋糕。		

编　号	D24	编　者	查可
名　称	不同姿势的人		
材　料	细铁丝、橡皮泥、彩色面粉、美工板、辅助材料（切刀、印模、牙签、等）		
玩　法	＊ 运用团圆、搓长、组合等技能塑造出不同动态的人。 ＊ 将各色橡皮泥或彩色面粉包裹在用细铁丝扭成的"人体骨架"上，再将其调整成不同的动态。		

大班美工区材料玩法表

编 号	D25	编 者	查可
名 称	美丽的拼贴画		
材 料	各色美工纸、亮光纸、树叶、豆类、图画纸、剪刀、固体胶等		
玩 法	* 运用剪、贴的技能，将各色美工纸或亮光纸拼贴在图画纸上形成美丽的图画。 * 尝试运用各种豆类、不同形状的树叶在纸上进行想象拼贴。		

编 号	D26	编 者	查可
名 称	环保相框		
材 料	照片、方形板框、铝箔纸、各种废旧物（豆类、贝壳、纽扣、瓶盖等）、乳胶等		
玩 法	* 在方形纸框上用画笔设计出相框图案，再粘贴上照片制成相框。 * 将各种豆子、贝壳、纽扣、瓶盖等有规律地粘贴成相框。		

编 号	D27	编 者	查可
名 称	奇怪的面具		
材 料	皱纹纸、美工纸、宣纸、旧报纸、色纸、细铁丝、剪刀、抹布、双面胶、固体胶、颜料、彩笔		
玩 法	* 运用剪、贴、画的方法，在纸盘上设计脸谱。 * 利用旧报纸设计、塑造面具。 * 在纸袋、信封、塑料袋上设计制作脸谱。		

大班美工区材料玩法表

编　号	D28	编　者	查可
名　称	小花伞		
材　料	色纸、圆形模板、剪刀、彩笔、小竹竿、固体胶等		
玩　法	＊ 运用模板剪出圆形的伞面，再运用色彩及线条进行装饰。 ＊ 根据想象，大胆设计不同造型的小花伞。		

编　号	D29	编　者	查可
名　称	美丽的挂饰		
材　料	各种废旧物（贝壳、纽扣、纸杯、纸盘、纸芯等）、线、绳		
玩　法	＊ 根据范例制作挂饰。 ＊ 尝试运用不同的材料进行组合设计制作不同风格的挂饰。		

编　号	D30	编　者	查可
名　称	鲜花店		
材　料	皱纹纸、美工纸、宣纸、旧报纸、色纸、细铁丝、剪刀、抹布、双面胶、固体胶、颜料、彩笔		
玩　法	＊ 尝试将各色皱纹纸，运用剪、折的技能制作成"康乃馨"。 ＊ 学习看制作图，运用折的技能制作各种不同的"鲜花"。		

大班美工区材料玩法表

编　号	D31	编　者	查可
名　称	机器人		
材　料	各种大小的饮料瓶、纸箱、纸盒、纸杯、纸盘、纸芯等		
玩　法	*　大胆发挥想象力，运用各种材料及废旧物品综合运用画、剪、贴、形体组合等技能，设计制作机器人。 *　以"机器人基地"为主题，幼儿合作建构。		

编　号	D32	编　者	查可
名　称	做彩灯		
材　料	月饼盒、茶叶罐、纸箱、纸盒、纸杯、纸盘、纸芯、竹子、宣纸、浆糊等		
玩　法	*　大胆发挥想象力，运用各种材料及废旧物品综合运用画、剪、贴、形体组合等技能，设计制作花灯。 *　尝试学习传统方法，运用竹子、宣纸糊的方法制作花灯。		

大班生活区材料投放计划表

阶段期限	阶段目标	周次	材料准备 名称	材料准备 材料
九月份	1. 认识常见的几种厨房小工具，并懂得看流程图正确使用工具。 2. 练习打、捣、剥等技能，提高动作的协调性、灵活性。 3. 喜欢劳动，体验劳动的快乐。	1	捣核桃仁	石臼与臼棒、核桃仁、小碗、小玻璃瓶（大口）、小勺、托盘等
		2	剥瓜子	西瓜子、葵花籽、南瓜籽、夹子、盘子等
		3	水果拼盘	多用切器若干套、水果、盘子、水果拼盘图样
		4	揉面团	水彩颜料、面粉、水、量杯、操作流程图等
十月份	1. 对果蔬及加工材料感兴趣。 2. 认识刨刀、水果刀，学习正确使用刀具。 3. 学会用刨、切雕刻等技能制作果蔬小点心，感受表现生活中的美。	1	蔬菜制作	带皮的蔬菜、刨刀
		2	榨果蔬汁	水果、蔬菜、榨汁工具
		3	水果沙拉	各种水果，小刀、牙签、沙拉酱
		4	雕刻果蔬	水果、蔬菜、刻刀、纸盘等
十一月份	1. 能与同伴较好地合作，体验成功的快乐。 2. 认识锤子、钳子等工具，学习正确使用木工工具及材料制作小家具。 3. 操作中有初步的安全意识。	1	小木工	大小形状不一的木板，各种钉子、锤子、锯子等木工工具
		2	小桌椅	玩具桌子、木板、钉子、锤子
		3	床、衣橱	玩具床、衣橱、木板、钉子、锤子、油漆、刷子
		4	我是小木工	锤子、钳子、钉子、铁丝、螺丝、螺母、各种形状的木块
十二月份	1. 对生活中的精细工具、材料感兴趣，表现生活中的装饰美。 2. 通过操作获得刺绣、裁剪、缝等方面的经验， 3. 提高手指小肌肉的灵活性。	1	十字绣坊	针线、绣框、画有各种直线图形的布
		2	美丽的服装	针线、剪刀、小服装打样板、碎布、粉笔
		3	缝鞋垫	鞋垫样品、针、线剪刀、粉笔等
		4	制作小拖鞋	拖鞋样品、针、线、剪刀、布条、扣子、制作步骤图等

大班生活区材料投放计划表

阶段期限	阶段目标	周次	材料准备名称	材料准备材料
二、三月份	1. 在动手操作中感受生活中事物所具有的艺术美。 2. 练习插、绑、扎等技能。 3. 初步具有手、眼的协调能力。	1	花趣	塑料花、纸花、橡皮泥、卡纸、花篮
		2	流行美发屋	发夹、梳子、橡皮筋
		3	美丽的坐垫	布条、扁形塑料包装绳、轻泡、制作流程图等
		4	编花篮	篮子框架、制作流程图、尼龙绳、长条鞋带等
四月份	1. 了解几种乐器的制作材料及方法。 2. 尝试使用简单的工具运用画、剪、粘贴等技能制作小乐器。 3. 通过同伴的合作，体验协作的快乐。	1	响板	竹片、易拉罐、钻子、剪刀、流程图等
		2	沙锤	豆子、易拉罐、色纸、双面胶等
		3	串铃	瓶盖、铁线、锥子、制作流程图等
		4	大鼓	小型圆柱桶、小木棒、小布条、色纸等
五月份	1. 初步了解几种常见的体育器械玩具的构造。 2. 尝试运用废旧物品制作简单的体育器械玩具。 3. 喜欢参与制作，对自制玩具感兴趣。	1	拉力器	酸奶瓶、水管、橡皮筋等
		2	沙包	沙、碎布、针线、制作流程图等
		3	彩球	报纸、彩色胶条、碎布、剪刀等
		4	毽子	各色包装绳、毛线、铁环、铁线、剪刀等
六月份	1. 初步认识卡丁车的构造和行驶原理。 2. 尝试使用小工具进行拆装练习。 3. 在活动中能与同伴合作，体验成功的快乐。	1	拆装卡丁赛车（一）	零件、电池、螺丝刀、卡丁车、流程图等
		2	拆装卡丁赛车（二）	零件、电池、螺丝刀、卡丁车、流程图等
		3	组装机器人（一）	机器人组装零件、组装步骤图等
		4	组装机器人（二）	机器人组装零件、各种造型机器人图片

大班生活区材料玩法表

编　号	D01	编　者	柯志梅
名　称	捣核桃仁		
材　料	石臼与臼棒、核桃仁、小碗、小玻璃瓶（大口）、小勺、托盘等		
玩　法	＊ 观察认识石臼、臼棒等工具。 ＊ 使用工具把核桃仁捣碎。 ＊ 用小勺将捣碎的核桃仁放入不同大小瓶口的玻璃瓶内。		

编　号	D02	编　者	柯志梅
名　称	剥瓜子		
材　料	西瓜子、葵花籽、南瓜籽、夹子、盘子等		
玩　法	＊ 观察比较西瓜子、葵花籽、南瓜籽的异同。 ＊ 尝试用夹子剥开各种瓜子的壳。 ＊ 用剥好的各种瓜子仁在盘子上进行创意拼盘制作。		

编　号	D03	编　者	柯志梅
名　称	水果拼盘		
材　料	多用切器若干套、水果、盘子、水果拼盘图样		
玩　法	＊ 用多用切器切出不同形状的水果。 ＊ 根据水果拼盘图样制作拼盘。 ＊ 根据自己的喜好创意拼盘。		

大班生活区材料玩法表

编　号	D04	编　者	张昱
名　称	揉面团		
材　料	水彩颜料、面粉、水、量杯、操作流程图		
玩　法	＊ 按流程图指示的方法将水彩颜料进行稀释，然后将颜料水兑入面粉揉成彩色面团。 ＊ 用揉好的彩泥制作各种"糕点"。		

编　号	D05	编　者	陈坚文
名　称	蔬菜制作		
材　料	带皮的蔬菜、刨刀、调料、罐头瓶子		
玩　法	＊ 先将蔬菜洗净，用刨刀为各种蔬菜去皮切块，按一定的规律装盘并加上调料，做成冷盘。 ＊ 把切成块的蔬菜拌好调料后放入罐头瓶子腌制成蔬菜罐头。		

编　号	D06	编　者	陈坚文
名　称	榨果蔬汁		
材　料	各种榨汁器、果蔬、杯子等		
玩　法	＊将果蔬去皮切成块状。 ＊比较各种榨汁器的不同用法，尝试用各种榨汁器榨果蔬汁。		

大班生活区材料玩法表

编　号	D07	编　者	陈坚文
名　称	水果沙拉		
材　料	各种水果、小刀、沙拉酱、牙签、盘子		
玩　法	* 识别各种水果并将其洗净、去皮、切块、切片、切丝、切丁。 * 将切好的水果块有规律地摆放在盘子上，拌入沙拉酱，并插上牙签。 * 请同伴品尝做好的水果沙拉，分享劳动成果。		

编　号	D08	编　者	陈坚文
名　称	雕刻果蔬		
材　料	水果、蔬菜、刻刀、盘子等		
玩　法	* 将水果蔬菜洗净去皮，把水果蔬菜雕刻成造型较简单的动物形象。 * 将雕刻好的果蔬有规律地摆在盘子上进行展示，比一比谁做的果盘最好看。 * 请同伴担当小评委，通过观赏、品尝选出果盘高手。		

编　号	D09	编　者	陈坚文
名　称	小木工		
材　料	大小形状不一的木板，各种钉子、锤子、锯子等木工工具		
玩　法	* 尝试运用锤子、老虎钳等工具在木板上敲敲打打。 * 选择用不同的工具钉钉子。 * 尝试将两三块木板进行钉锤组合。		

大班生活区材料玩法表

编　号	D10	编　者	陈坚文
名　称	小桌椅		
材　料	玩具桌子、木板、钉子、锤子		
玩　法	＊ 选择合适的材料运用钉、锤等技能制作各种不同形状的桌椅。 ＊ 为小桌椅进行油漆装饰。		

编　号	D11	编　者	陈坚文
名　称	床、衣橱		
材　料	玩具床、衣橱、木板、钉子、锤子、油漆、刷子		
玩　法	＊ 选出合适的木板拼出床、衣橱的模型。 ＊ 用木工工具将拼摆好的床、衣橱钉成模型。 ＊ 在床或衣橱上进行油漆装饰。		

编　号	D12	编　者	陈坚文
名　称	家具厂		
材　料	各种家具图纸、模型，大小形状不一的木板、锤子、钉子、图画纸、笔		
玩　法	＊ 找朋友合作制作家具。 ＊ 按图纸或模型制作家具。 ＊ 在家具上进行油漆装饰。		

大班生活区材料玩法表

编　号	D13	编　者	杨惠青
名　称	十字绣坊		
材　料	针线、绣框、画有各种直线图形的布、白布		
玩　法	＊ 欣赏范例，讨论如何进行刺绣。 ＊ 尝试用穿针器穿好线，用绣框绷紧画有各种直线图形的布，然后用针线沿着布上的线条进行刺绣。 ＊ 在白布上先描好图案再用针沿着布上的图案进行刺绣。		

编　号	D14	编　者	杨惠青
名　称	美丽的服装		
材　料	针线、剪刀、小服装打样板、碎布、粉笔		
玩　法	＊ 选择合适的碎布，用剪、缝的方法缝制衣服。 ＊ 尝试在服饰上装饰图案或扣子。		

编　号	D15	编　者	柯志梅
名　称	缝鞋垫		
材　料	针线、剪刀、鞋垫样品、粉笔等		
玩　法	＊ 沿着鞋垫的形状一圈一圈缝制鞋垫。 ＊ 在缝好的鞋垫上画出图案并用线把图案绣出来。		

大班生活区材料玩法表

编　号	D16	编　者	柯志梅
名　称	制作小拖鞋		
材　料	拖鞋样品、针、线、剪刀、布条、扣子、制作步骤图等		
玩　法	＊ 认识鞋垫、鞋面、鞋带等材料。 ＊ 根据制作步骤图制作拖鞋。 ＊ 按意愿自己设计制作拖鞋。		

编　号	D17	编　者	杨惠青
名　称	花趣		
材　料	塑料花、纸花、橡皮泥、卡纸、花篮		
玩　法	＊ 了解插花的基本材料、制作方法。 ＊ 选用各种不同材料的花来拼插、组合美丽的花蓝。		

编　号	D18	编　者	杨惠青
名　称	流行美发屋		
材　料	各式发夹、梳子、橡皮筋		
玩　法	＊ 欣赏各种发型，认识各种美发工具。 ＊ 运用梳、绑、编、夹等技能来塑造发型。		

大班生活区材料玩法表

编　号	D19	编　者	杨惠青
名　称	美丽的坐垫		
材　料	布条、扁形塑料包装绳、轻泡、制作流程图等		
玩　法	＊ 观察样品和流程图，了解制作过程和材料。 ＊ 用布条采用编辫、盘、绕的方法编成圆形或方形的坐垫。 ＊ 用扁形塑料包装绳、轻泡编、折制作成各种垫子。		

编　号	D20	编　者	柯志梅
名　称	编花篮		
材　料	篮子框架、制作流程图、尼龙绳、长条鞋带等		
玩　法	＊ 观察制作流程图，了解制作过程和方法。 ＊ 自由选择编织材料，根据流程图，用一前一后穿插的方法编花篮。 ＊ 自由搭配颜色，编出有花纹图案的花篮。		

编　号	D21	编　者	张昱
名　称	响板		
材　料	竹片、易拉罐、钻子、剪刀、流程图等		
玩　法	＊ 观察材料和流程图，了解材料特征和制作方法。 ＊ 选择竹片或简单的铝片配对钻孔并用绳子组合打结。		

大班生活区材料玩法表

编　号	D22	编　者	张昱
名　称	沙锤		
材　料	豆子、易拉罐、色纸、双面胶等		
玩　法	＊ 将豆子装在易拉罐中后封口，再用色纸剪贴或绘上图案的纸进行外观包装，制作成沙锤。		

编　号	D23	编　者	张昱
名　称	串铃		
材　料	瓶盖、铁线、锥子、制作流程图等		
玩　法	＊ 在瓶盖上戳洞，并涂上鲜艳的颜色，用铁丝将其串起，制作成串铃。		

编　号	D24	编　者	张昱
名　称	大鼓		
材　料	小型圆柱桶、图钉、小木棒、小布条、色纸等		
玩　法	＊ 将小型圆柱桶的外壳进行装饰，再在上下边缘圆圈处钉上装饰的图钉；在小木棒一端缠上布条，制作成小鼓槌。		

大班生活区材料玩法表

编　号	D25	编　者	张昱
名　称	拉力器		
材　料	酸奶瓶、水管、橡皮筋等		
玩　法	＊ 剪两段或数段一样长短的水管，用橡皮筋将它们串联并打结成拉力器。 ＊ 用橡皮筋将两个或数个酸奶瓶串联并打结成拉力器。		

编　号	D26	编　者	张昱
名　称	好玩的沙包		
材　料	豆子、碎布、针线、制作流程图等		
玩　法	＊ 根据制作流程图将碎布缝成小袋子，把豆子或米装进袋子制作成沙包。 ＊ 根据各种动物形状的布头，引导幼儿缝制成动物沙包。		

编　号	D27	编　者	张昱
名　称	美丽的彩球		
材　料	报纸、彩色胶条、碎布、剪刀		
玩　法	＊ 把报纸团圆，用彩色胶条将其裹紧，制作成投掷球。 ＊ 用碎布剪成若干条，然后对折在中间处结扎成彩球。		

大班生活区材料玩法表

编　号	D28	编　者	张昱
名　称	会飞的毽子		
材　料	各色包装绳、毛线、铁环、铁线、剪刀等		
玩　法	＊将各色包装绳剪成一样长短的数段，然后在中间用铁线打结并绑在铁环上制作成毽子。 ＊将各色毛线剪成一样长短的数段，然后在中间用铁线打结并绑在铁环上制作成毽子。		

编　号	D29	编　者	张昱
名　称	拆装卡丁车（一）		
材　料	零件、电池、螺丝刀、卡丁车、纸、笔、流程图等		
玩　法	＊将卡丁车拆开，把各种零件按类分好，并在纸上记录下零件在车中的位置。 ＊按照自己的标识将零件进行组装。		

编　号	D30	编　者	张昱
名　称	拆装卡丁车（二）		
材　料	零件、电池、螺丝刀、卡丁车、纸、笔、流程图等		
玩　法	＊将卡丁车拆开，把各种零件按类分好，并在纸上记录下零件在车中的位置。 ＊发挥想象组装造型奇特的卡丁车。		

大班生活区材料玩法表

编 号	D31	编 者	张昱
名 称	组装机器人（一）		
材 料	机器人组装零件、组装步骤图		
玩 法	* 观察机器人的各种组装零件和组装步骤图，找出与步骤图中相应的各部分零件。 * 根据步骤图，选择相配的零件进行组装。		

编 号	D32	编 者	张昱
名 称	组装机器人（二）		
材 料	机器人组装零件、各种造型机器人图片		
玩 法	* 将机器人拆开，把各部分零件分类好。 * 根据机器人图片组装出各种造型的机器人。 * 发挥想象，选用合适的零件将机器人重新组装出新的造型。		

大班数学区材料投放计划表

阶段期限	阶段目标	周次	材料准备 名称	材料准备 材料
九月份	1. 尝试运用不同的方法对各种物体进行等分，初步感知整体与部分的关系。 2. 有初步的动手操作和解决问题的能力。 3. 能用适当的方式表达、交流探索的过程和结果。体验分享与合作的兴趣。	1	线的等分	各种不同长度的线段
		2	图形等分	各种图形、剪刀、笔、等分记录表
		3	几何体等分	橡皮泥、各种几何体印模、塑料刀、等分记录表
		4	水的等分	水、量杯、汤匙、滴管、等分记录表
十月份	1. 感知周围物体的大小、形状、颜色、数量等特征，探索按物体的两个以上特征排序的多种方法。 2. 尝试运用各种排序方法装饰生活中的物体，感受与体验周围生活中的规律美。 3. 体验创作的乐趣。	1	美丽的项链	各式小串珠、几何体小珠、线、针
		2	装饰品	各种图形、小落叶、白乳胶、橡皮泥、珠子、纸盘。
		3	设计墙纸	油画棒、各种装饰花纸、格子纸
		4	小动物回家	各种小图片、小动物回家的迷宫图、浆糊
十一月份	1. 学习有序地摆放生活中的物品，对其进行分类统计，感知数据统计的乐趣。 2. 乐意运用分类和统计的知识，解决日常生活中遇到的问题。 3. 能大胆地描述统计结果，并能与同伴分工合作，共同完成任务	1	图形统计员	各种图形组合成的图案、笔
		2	图书统计员	不同特征的图书、二级分类记录表。
		3	玩具统计员	不同种类的玩具、玩具橱、二级分类表
		4	天气统计员	天气记录表、笔、表示不同天气的小标记、一月天气统计表
十二月份	1. 尝试借助各种测量工具测量周围物体，感知测量工具与测量结果的关系。 2. 了解测量在生活中的应用，激发幼儿参与测量的兴趣。 3. 能与同伴合作、交流、解决问题	1	称一称	天平、轻重记录纸、不同大小、轻重的物品
		2	量一量	筷子、吸管、绳子、尺子、测量记录纸
		3	排一排	橡皮泥、不同长短的纸条、不同粗细的管子、粗细记录纸
		4	比一比	小尺子、幼儿身高测量表、高矮统计记录表

大班数学区材料投放计划表

阶段期限	阶段目标	周次	材料准备 名称	材料准备 材料
二、三月份	1．能主动参与数的组成的探索活动。 2．尝试运用已有的组成经验解决游戏中的简单问题， 3．具有初步的动手操作能力。	1	小水滴找家	白云、水滴图案的拼板（每个拼板上写有5以内的数字）、螺丝帽、螺丝
		2	小动物找家	小动物卡片、背景插卡图、组成记录表、铅笔
		3	接龙	接龙卡片（卡片上写有10以内的组成式）
		4	组成棋	自制的组成棋、棋子。
四月份	1．感知球体、正方体、长方体、圆柱体的特征。 2．探究制作几何体的过程和方法，体验操作的乐趣。 3．学习运用多种方式表达、交流探索的过程和结果。	1	几何体	长方体、球体、正方体的记录表、笔
		2	学做蛋糕	橡皮泥、塑料刀、塑料板、纸盒模型、浆糊
		3	小小建筑师	长方体、正方体、圆柱体、球体、椎体积塑、牙签
		4	制作几何体	各种不同颜色的几何体模板、剪刀、尺子
五月份	1．乐意参与比较的探索活动。 2．能积极探索物体长度、面积、体积、容积的守恒。 3．具有初步的观察力、思维判断能力。	1	比比谁最长	小棒、线、绳、画有方格的图形。
		2	它们一样大吗	相同数量的几何图片组成的不同图形、方格纸、长方形纸
		3	谁装得多	橡皮泥、一样大的积木若干块、纸、笔等
		4	谁最多	粗细不同的玻璃瓶、同等量的沙、水
六月份	1．感知加减在生活中的应用与趣味。 2．积极参与探索10以内数的加减运算. 3．尝试运用已有的加减经验解决游戏中的简单问题。	1	套戒指	戒指套（写有加减算式）、手指（指尖贴有数字）
		2	钓鱼	钓竿、写有加减算式的小鱼、写有数字的鱼篓
		3	加减寻宝棋	自制的加减棋、棋子
		4	加减超市	各式小物品、小超市、写有加减算式的钱票、收银机

大班数学区材料玩法表

编　号	D01	编　者	魏亚琳、蔡腊芸
名　称	线的等分		
材　料	各种不同长度的线段		
玩　法	* 根据自己的给各种线段分类。 * 尝试用自己喜欢的方式给各种线段二等分、四等分。 * 比较判断等分后的线段与原线段谁长、谁短。		

编　号	D02	编　者	魏亚琳、蔡腊芸
名　称	图形等分		
材　料	各种图形、剪刀、纸、笔、等分记录表		
玩　法	* 运用画、剪、折的方法将圆形、三角形、正方形、长方形、梯形等图形进行二等分或四等分。 * 记录每一种图形的不同等分方法，比比谁的等分方法最多。 * 判断比较等分后的图形与原图形谁大、谁小。		

编　号	D03	编　者	魏亚琳、蔡腊芸
名　称	几何体等分		
材　料	橡皮泥、各种几何体印模、塑料刀、等分记录表		
玩　法	* 用橡皮泥泥塑成长方体、正方体、圆柱体等几何体。 * 利用塑料刀将这些几何体进行二等分或四等分。 * 将等分的方法记录下来与同伴交流：谁等分的方法最多？最好用？ * 判断、比较等分的立体图形与原图形谁大、谁小。		

大班数学区材料玩法表

编　号	D04	编　者	魏亚琳、蔡腊芸
名　称	水的等分		
材　料	水、量杯、汤匙、滴管、等分记录表		
玩　法	* 尝试利用汤匙、滴管等材料将一杯水分成一样多的几小杯。 * 记录操作结果，讨论：哪种材料能更精确地等分水？ * 比较判断等分后的水与原来的水的关系。		

编　号	D05	编　者	魏亚琳、蔡腊芸
名　称	美丽的项链		
材　料	各式小串珠、几何体小珠、线、针。		
玩　法	* 感知珠子的大小、形状、颜色、大小等特征，探索按珠子的两维特征，有规律地穿制项链。 * 互相欣赏同伴的作品，交流穿制项链的规律。		

编　号	D06	编　者	魏亚琳、蔡腊芸
名　称	装饰品		
材　料	各种图形、橡皮泥、白乳胶、树叶、珠子、纸盘、雨伞、花片		
玩　法	* 用豆豆、橡皮泥等材料按一定的规律装饰纸盘。 * 将各种图形有规律地贴于雨伞上，进行装饰。 * 与同伴讨论设计的规律，比一比谁设计的规律最多、最漂亮？		

大班数学区材料玩法表

编　号	D07	编　者	魏亚琳、蔡腊芸
名　称	设计墙纸		
材　料	油画棒、各种装饰花纸、格子纸		
玩　法	＊ 欣赏各种有规律图案的装饰花纸、格子纸。 ＊ 通过画、剪、贴的方法来设计有规律图案的墙纸。 ＊ 用自己设计的墙纸来装修角游的娃娃家、幼儿园的环境。		

编　号	D08	编　者	魏亚琳、蔡腊芸
名　称	小动物回家		
材　料	各种小图片、小动物回家的迷宫图、浆糊。		
玩　法	＊ 从迷宫图中找出小动物回家的正确线路。 ＊ 运用二维、三维排序方法为小动物铺上一条回家的路。		

编　号	D09	编　者	魏亚琳、蔡腊芸
名　称	图形统计员		
材　料	各种图形组合成的图案、笔		
玩　法	＊ 认真观察图案，说一说图上都有哪些图形。 ＊ 对图形进行统计。		

大班数学区材料玩法表

编　号	D10	编　者	魏亚琳、蔡腊芸
名　称	图书统计员		
材　料	不同特征的图书、分类记录表		
玩　法	＊ 为图书编号。 ＊ 根据图书的不同特征（外形特征、种类特征等）分类整理并进行统计。 ＊ 布置图书借阅馆，与同伴交流图书分类的乐趣。		

编　号	D11	编　者	魏亚琳、蔡腊芸
名　称	玩具统计员		
材　料	不同种类的玩具、玩具橱、二级分类表		
玩　法	＊ 各种玩具进行分类，并放在相应的玩具橱。 ＊ 对玩具进行二次分类，并统计。		

编　号	D12	编　者	魏亚琳、蔡腊芸
名　称	天气统计员		
材　料	天气记录表、笔、表示不同天气的小标记、一个月天气统计表		
玩　法	＊ 观察、记录一周的天气情况并进行统计。 ＊ 交流统计结果，了解一周的天气变化。 ＊ 观察、记录了解更长时间内的天气变化。		

大班数学区材料玩法表

编　号	D13	编　者	魏亚琳、蔡腊芸
名　称	称一称		
材　料	天平、轻重记录纸、不同大小、轻重的物品		
玩　法	＊ 将大小、体积不同的物体放在天平的两端，观察天平的变化，判断物体的重量，将自己观察的结果记录在纸上。 ＊ 找出轻重不同的物品进行测量，动脑筋想办法使天平两边的物品一样重。并将结果进行记录。		

编　号	D14	编　者	魏亚琳、蔡腊芸
名　称	量一量		
材　料	筷子、吸管、绳子、尺子、测量记录纸		
玩　法	＊ 自由选择筷子、吸管、绳子等自然测量工具，对活动室内各种物品的长度进行测量，并把测量结果记录下来。 ＊ 选择同一样物体，然后用不同的测量工具对其进行测量，比一比，不同测量工具测量出的数据一样吗？		

编　号	D15	编　者	魏亚琳、蔡腊芸
名　称	排一排		
材　料	橡皮泥、不同长短、粗细的管子、粗细记录纸		
玩　法	＊ 将橡皮泥搓成不同粗细的长条，并按粗细排序。 ＊ 按长短的特征将管子进行排序。 ＊ 按粗细的特征将管子进行排序。		

大班数学区材料玩法表

编　号	D16	编　者	魏亚琳、蔡腊芸
名　称	比一比		
材　料	小尺子、幼儿身高测量表、幼儿的照片、高矮统计记录表		
玩　法	＊ 选择小尺子，运用正确的测量方法为同伴测量身高，并用适当的符号记录测量结果。 ＊ 选择幼儿身高测量表，运用正确的测量方法为同伴测量身高，并将照片贴于相应位置，比一比全班谁最高，谁最矮。		

编　号	D17	编　者	魏亚琳、蔡腊芸
名　称	小水滴找家		
材　料	螺丝帽、螺丝、白云拼板（拼板上写有 5 以内数字）、水滴拼板（写有 5 以内的数字）		
玩　法	＊ 认真观察白云上的数字，找出写有相应的组成式的小水珠并用螺丝进行固定。 ＊ 从散乱的拼图中找出写有 5 以内数的组成式，按互补、互换的规律排列。		

编　号	D18	编　者	魏亚琳、蔡腊芸
名　称	小动物找家		
材　料	小动物卡片、背景插卡图、组成记录表、铅笔		
玩　法	＊ 找出森林里的各种小动物各有几只？ ＊ 选择一种小动物并将其分别送到两座牧场里，可以有几种送法？ ＊ 将自己的送法记录在组成记录表上，并讨论：一共有几种送法？		

大班数学区材料玩法表

编　号	D19	编　者	魏亚琳、蔡腊芸
名　称	接龙		
材　料	接龙卡片（卡片上写有 10 以内的组成式）		
玩　法	＊ 第一名幼儿先出示一张接龙卡，第二名幼儿观察接龙卡上两数之合是多少，然后从自己的接龙卡中找出组合数相同但分法不同的接龙卡，直至全部接龙成功。 ＊ 第一名幼儿先出示一张接龙卡，第二名幼儿根据接龙卡上的两个数字再进行分解并接上相应的接龙卡，不断循环，直至将所有的数字全部分解。		

编　号	D20	编　者	魏亚琳、蔡腊芸
名　称	组成棋		
材　料	自制的组成棋、棋子		
玩　法	＊ 运用自己已有的组成经验，绘制组成棋。 ＊ 通过摇骰子来移动棋子，要求每走一次都要解决所走棋步遇到的组成题才能继续游戏，第一个到达终点的幼儿获胜。		

编　号	D21	编　者	魏亚琳、蔡腊芸
名　称	几何体		
材　料	长方体、球体、正方体的记录表、笔。		
玩　法	＊ 观察寻找活动室周围有哪些物品像长方体、球体、正方体、圆柱体，并把它画在记录表上，与同伴交流。 ＊ 统计所记录的立体图形，比比看，谁记录得多，记录得好。		

大班数学区材料玩法表

编 号	D22	编 者	魏亚琳、蔡腊芸
名 称	学做蛋糕		
材 料	橡皮泥、印模、塑料刀、塑料板、纸盒模型、浆糊		
玩 法	* 用不同体积的印模来印制橡皮泥"蛋糕"。 * 根据蛋糕的体积选择制作相应的蛋糕盒，用来包装蛋糕。 * 说说自己的"蛋糕"、蛋糕盒是什么形状的？有什么特征？		

编 号	D23	编 者	魏亚琳、蔡腊芸
名 称	小小建筑师		
材 料	长方体、正方体、圆柱体、球体、椎体（用泡沫做的）、牙签、统计表		
玩 法	* 用各种几何体进行自由拼插，建构各种建筑物，并用牙签加以固定。 * 学习对自己所使用的立体积塑进行统计：球体、正方体、长方形、圆柱体各用了几个？ * 与同伴交流自己的作品。		

编 号	D24	编 者	魏亚琳、蔡腊芸
名 称	制作几何体		
材 料	各种不同颜色的几何体模板、剪刀、尺子		
玩 法	* 讨论：可以用什么方法，什么材料做几何体，要怎样做。 * 选择自己喜欢的材料做几何体。 * 与同伴分享自己的制作方法和成果，比较谁的方法好又快。		

大班数学区材料玩法表

编 号	D25	编 者	魏亚琳、蔡腊芸
名 称	比比谁最长		
材 料	小棒、线、绳、画有不同形状的线段		
玩 法	＊ 观察不同形状的线段，探索自己是用什么办法知道它们一样长。 ＊ 观察方格中的不同形状的线段，用预测的方法猜猜谁最长。 ＊ 验证自己的预测，说说对与错，为什么。		

编 号	D26	编 者	魏亚琳、蔡腊芸
名 称	它们一样大吗		
材 料	相同数量的几何图片组成的不同图形 、方格纸、长方形纸		
玩 法	＊ 观察用几何图片组合的图形，猜猜它们是否一样大。 ＊ 说说自己的预测与结果是否一致，是用什么方法知道它们是一样大的。 ＊ 观察方格中的动物图形，比较它们是否一样大，并介绍自己的方法。		

编 号	D27	编 者	魏亚琳、蔡腊芸
名 称	谁装得多		
材 料	橡皮泥、一样大的积木若干块、纸、笔等		
玩 法	＊ 把一样大的积木装在不同形状的几何体内并比较谁装得多,谁装得少,还是一样多. ＊ 讨论:还可以用什么方法知道不同大小的几何体装得东西是一样多的。		

大班数学区材料玩法表

编　号	D28	编　者	魏亚琳、蔡腊芸
名　称	谁最多		
材　料	粗细不同的玻璃瓶、同等量的沙、水		
玩　法	＊ 观察不同大小的量杯，说说谁装得多。 ＊ 探索一瓶水分别倒入大、中、小量杯可以倒几杯？它们一样多吗？ ＊ 讨论测量的结果与发现。		

编　号	D29	编　者	魏亚琳、蔡腊芸
名　称	套戒指		
材　料	戒指套（写有加减算式）、手指（指尖贴有数字）		
玩　法	＊ 在手指上贴上数字贴片，然后根据数字把写有算式题的戒指套于手指上。 ＊ 根据算式编应用题。 ＊ 把单双数的戒指分别套在左右手上.		

编　号	D30	编　者	魏亚琳、蔡腊芸
名　称	钓鱼		
材　料	钓竿、写有加减算式的小鱼、写有数字的鱼篓		
玩　法	＊ 将写有加减算式的小鱼钓上后进行运算，将小鱼放入与得数相符的数字篓中。 ＊ 拿写有数字的鱼竿去钓写有相应加减算式的小鱼。 ＊ 比赛谁钓得多，钓得准。		

大班数学区材料玩法表

编　号	D31	编　者	魏亚琳、蔡腊芸
名　称	加减寻宝棋		
材　料	自制的加减棋、棋子		
玩　法	＊ 运用自己已有的加减经验，绘制加减棋图。 ＊ 通过摇骰子来移动棋子，要求幼儿每走一次都要解决所走棋步遇到的加减题才能继续游戏，第一个到达终点的幼儿获胜。		

编　号	D32	编　者	魏亚琳、蔡腊芸
名　称	加减超市		
材　料	各式小物品、小超市、写有加减算式的钱票、收银机		
玩　法	＊ 利用手中的十（九、八、七等）元钱到小超市购买小物品，要求所买物品的价格相加要等于10（9、8、7等）元。 ＊ 记录自己购买情况，并与同伴交流。		

大班益智区材料投放计划表

阶段期限	阶段目标	周次	名称	材料
九月份	1．积累有关物体的形体、空间等方面的感性经验。 2．通过观察比较各种图片找出它们的相同与不同，培养观察、比较、判断的能力。 3．初步具有观察比较、探索的兴趣。	1	找相同	若干部分相同图案的图片（两张1份）
		2	找相反	各种有相同和相反方向图案的图片。
		3	找排列相同的图案	各种不同排列形式的点子图
		4	找不同	若干部分不同图案的图片（两张1份）
十月份	1．喜欢各种棋类，了解各种棋类的玩法和规则，并能与同伴友好合作进行游戏。 2．在游戏中进一步认识集体行为规则，并从中获得有关知识、经验。 3．初步具有规则意识和竞争意识。	1	跳棋	跳棋
		2	对与错	行为习惯棋
		3	谁第一	数字棋、登山棋
		4	五子棋	棋盘、棋子
十一月份	1．能积极主动地参与拼摆活动。 2．在手脑并用的学习过程进一步中促进触觉、视觉及手眼协调能力和手指小肌肉的发展。 3．巩固对物体及图形的感性认识。	1	条形拼摆	火柴梗、塑料棒
		2	图形拼摆	大小不等的几何图形、垫板
		3	互扑拼摆	任意分解成两半的各种几何图形
		4	镶嵌拼摆	镂空纸板或泡沫板，各种几何图形或动物、物品的外形等
十二月份	1．对迷宫活动有较大的兴趣，愿意积极参与。 2．感受图形排列的关系。 3．通过操作促进幼儿空间知觉能力的发展。	1	走迷宫	不同难度的迷宫
		2	制作迷宫图	动物图片、起点、终点标记
		3	九宫格	不同形状、数量九宫格
		4	图形排列	几何图形图片

大班益智区阶段目标与材料提供

阶段期限	阶段目标	周次	材料准备 名称	材料准备 材料
二、三月份	1. 乐意探索各种棋类，喜欢与同伴合作、轮流进行游戏。 2. 掌握各种棋类的玩法和规则。 3. 尝试自己设计游戏规则，发展幼儿的思维能力和创造力。	1	动物棋	各种动物图片、自制棋谱、骰子、棋子
		2	地球旅行棋	各国国旗、环保图片、地球轮廓棋谱，骰子、棋子
		3	谁先到	改错棋、方形棋等
		4	自制棋	笔、纸、旧图书、骰子、棋子等。
四月份	1. 在游戏过程中，体验成功的喜悦。 2. 了解立体拼图的制作方法，尝试自制立体拼图。 3. 具有一定的动手动脑的能力。	1	动物拼图	有关各种动物身体部分的板块
		2	交通工具拼图	各种交通工具的拼图、完整图
		3	建筑物	各种房子的立体拼图、完整图
		4	自制立体拼图	硬纸板、水彩笔、小刀、剪刀等
五月份	1. 积极参与益智活动，在游戏中增强自信。 2. 在游戏中获得有关植物的知识经验。 3. 具有初步的观察、分析、判断能力。	1	根茎叶	各种蔬菜卡片、根茎叶标志
		2	四季花卉	四季花卉的图片、四季背景图片、转盘
		3	哪里错了	各种找出不同地方的对比图片
		4	小小纠错员	各种有主题图片
六月份	1. 懂得找出事物间的联系，提高幼儿的瞬间记忆能力。 2. 在操作游戏中，了解有关事物的基本知识。 3. 具有一定的耐心、细心的品质。	1	请你仔细瞧	具有相同和不同图形的图片
		2	谁不见了	各种图片和玩具
		3	摆得对又快	几何图形、各种板块组成的图形图片
		4	排排对	有一定排列规律的图片

大班益智区材料玩法表

编　号	D01	编　者	林玲玲
名　称	找相同		
材　料	若干部分相同图案的图片（两张1份）		
玩　法	* 观察图片中图案的异同。 * 找出图片中完全相同的图案，并统计有几处相同。		

编　号	D02	编　者	林玲玲
名　称	找相反		
材　料	各种有相同和相反方向图案的图片		
玩　法	* 说说图片的异同，请根据其异同进行分类。 * 找自己喜欢的图片并找出与该图片完全相反的图片进行配对。		

编　号	D03	编　者	林玲玲
名　称	找排列相同的图案		
材　料	各种不同排列形式的点子图		
玩　法	* 根据图片的颜色、点子数量进行分类。 * 找出排列相同的图案。 * 根据点子数量进行接龙。		

大班益智区材料投放表

编　号	D04	编　者	林玲玲
名　称	找不同		
材　料	若干部分不同图案的图片（两张1份）		
玩　法	＊ 看图找出图片中各种不同地方。 ＊ 能将不同的地方用自己喜欢的符号表示。		

编　号	D05	编　者	林玲玲
名　称	跳棋		
材　料	跳棋		
玩　法	＊ （两人游戏每人三枚）先把棋子排起来，然后每人一次移一步。当甲的棋子自己连成一线时，后面的棋子可以跳到前面去。当甲的棋子和乙的棋子成一直线中间无空棋位，而后面没有空位时，甲的棋子可以跳过去，把乙的棋子吃掉，最后谁的棋子先被吃完谁就算输。 ＊ （2~6人游戏）谁先把自己所有的棋子移到对面的格子内，谁就赢。		

编　号	D06	编　者	林玲玲
名　称	对与错		
材　料	行为习惯棋		
玩　法	＊ 知道棋中的各种行为哪些是对的，哪些是错的。 ＊ 当棋子走到行为不正确的格子内时，能纠正出不对的行为。		

大班益智区材料投放表

编　号	D07	编　者	林玲玲
名　称			谁第一
材　料			登山棋
玩　法			* 甲乙两人以划拳方式同时伸出手指，若甲方伸出 3 个手指，乙方伸出 2 个，相加后手指数是单数，则甲把棋子向上移一格。若得数是双数，则乙方把棋子向上移一格，谁先移到顶峰则谁为胜者。 * 甲乙两人以划拳方式同时伸出手指，把甲乙两方所出的手指数相减（多的一方减少的一方），若得数是单数，则甲方把棋子向上移一格；若得数是双数，则乙方把棋子向上移一格，若数字一样，重新划拳，谁先到顶峰为胜者。 * 甲乙两人以划拳方式同时伸出手指，各说出双方所出手指数相加的数的某一相邻数，都说对了，双方同时向上移一格。哪方说错了，则把棋子向下退一可格，谁先到顶峰为胜者。

编　号	D08	编　者	林玲玲
名　称			五子棋
材　料			棋盘、棋子
玩　法			*2 名幼儿共同游戏、轮流下棋，看谁先将五个棋子连成一条线为胜。 * 自定玩法、规则进行游戏。

编　号	D09	编　者	林玲玲
名　称			条形拼摆
材　料			火柴梗、塑料棒
玩　法			* 能依图样拼摆成各种图案，并讲述所拼图案的内容。 * 自由想象拼摆成各种物体。

大班益智区材料投放表

编　号	D10	编　者	林玲玲
名　称		图形拼摆	
材　料	大小不等的几何图形、垫板		
玩　法	＊ 根据图案拼摆成一定的物体，组成画面，并讲述画面内容。 ＊ 自由想象拼摆成各种不同的造型。		

编　号	D11	编　者	林玲玲
名　称	互补拼摆		
材　料	任意分解成两半的各种几何图形		
玩　法	＊ 任意取出一图形，通过目测寻找其另一半图形匹配。 ＊ 将匹配好的图形进行分类或排序。		

编　号	D12	编　者	林玲玲
名　称	镶嵌拼摆		
材　料	镂空纸板或泡沫板，各种几何图形或动物、物品的外形等		
玩　法	＊ 根据剪影去寻找相应的形状，将图形镶嵌在相应的空缺处。 ＊ 将剪影装进布袋，通过手的触摸找出图形，进行拼摆。		

大班益智区材料投放表

编 号	D13	编 者	林玲玲
名 称	走迷宫		
材 料	不同难度的迷宫图		
玩 法	* 从多种路线图中找出一条从起点到终点的正确路线。 * 从多种路线图中比较远近。		

编 号	D14	编 者	林玲玲
名 称	制作迷宫图		
材 料	动物图片、起点、终点标记		
玩 法	* 根据图中起点和终点的位置画出迷宫路线。 * 根据自己的经验和爱好自制迷宫图。		

编 号	D15	编 者	林玲玲
名 称	九宫格		
材 料	不同形状、数量的九宫格		
玩 法	* 移动九宫格中小方格的上下左右方位，排列成完整的图形。		

大班益智区材料投放表

编　号	D16	编　者	林玲玲
名　称	图形排列		
材　料	几何图形图片		
玩　法	＊ 找出图中缺少的图形使横排、竖排、斜排都有三种图形。		

编　号	D17	编　者	林玲玲
名　称	动物棋		
材　料	各种动物图片、自制棋谱、骰子、棋子		
玩　法	＊ 了解棋类中各种动物之间的强弱、循环关系。 ＊ 了解动物棋的基本玩法，能与同作游戏。		

编　号	D18	编　者	林玲玲
名　称	地球旅行棋		
材　料	各国国旗、环保图片、地球轮廓棋谱、骰子、棋子		
玩　法	＊ 认识各国国旗，并能根据国旗说出各国的名称。 ＊ 玩"地球旅行"棋，边游戏边说出保护环境的正确做法和错误做法。		

大班益智区材料投放表

编　号	D19	编　者	林玲玲
名　称	谁先到		
材　料	改错棋、方形棋（画有圈圈，并写上数字）		
玩　法	＊2位幼儿共同游戏，如果谁先走到有错误的方格中须将错误改正过来前进一格。 ＊4位幼儿共同游戏每人三枚棋子，根据骰子数走棋，当棋子走到圆圈时，要说出一道得数是此数的算式题，说对后可再掷一次骰子。谁的3枚棋子先走到对面，谁就获胜。		

编　号	D20	编　者	林玲玲
名　称	自制棋		
材　料	水彩笔或油画棒、纸、画好轮廓的棋谱、骰子、棋子		
玩　法	＊在空白的纸上自行设计棋谱，完成后和同伴共同游戏。 ＊和同伴商量共同设计棋谱、制订游戏规则，与同伴游戏。		

编　号	D21	编　者	林玲玲
名　称	动物拼图		
材　料	有关各种动物身体部分的板块		
玩　法	＊根据动物的种类，生活习性等分类。 ＊根据完整图进行拼摆，并摆放在相应的背景下与同伴讲述。 ＊能发挥想象自由拼图，并摆放在相应的背景下与同伴讲述。		

大班益智区材料投放表

编　号	D22	编　者	林玲玲
名　称	交通工具拼图		
材　料	各种交通工具拼图、完整图		
玩　法	＊ 按图片的名称进行分类并按完整图进行拼摆。 ＊ 比赛拼图，把拼好的车放在相应的跑道上。		

编　号	D23	编　者	林玲玲
名　称	建筑物		
材　料	各种房子的立体图片、完整图		
玩　法	＊ 根据完整图进行拼摆。 ＊ 把拼好的图放在自己预先设计的社区内，并编上门牌号。		

编　号	D24	编　者	林玲玲
名　称	自制立体拼图		
材　料	硬纸板、水彩笔、小刀、剪刀等		
玩　法	＊ 将立体拼图的模具放在纸板上用笔画下来，并用剪刀剪下来，然后拼搭起来。 ＊ 自由设计各种模板进行拼搭。		

大班益智区材料投放表

编　号	D25	编　者	林玲玲
名　称	根茎叶		
材　料	各种蔬菜卡片、根茎叶标志		
玩　法	＊ 说出各种蔬菜的名称，并说说我们是吃这一植物的哪一部分。 ＊ 按根、茎、叶的标志将这些蔬菜分类。 ＊ 两人一组玩将8—10张蔬菜卡片放在桌上，记忆每张的内容及位置，两人互发指示，如："吃根的蔬菜"，另一幼儿便可翻开吃根的蔬菜，翻对了卡片归这幼儿所有。		

编　号	D26	编　者	林玲玲
名　称	四季花卉		
材　料	四季花卉的图片、四季背景图片、转盘（盘上画有春夏秋冬标志）		
玩　法	＊ 说出各种花卉名称、特征。 ＊ 将四季花卉分类放在相应的景色图，统计各季节花卉的数量。 ＊ 按照花的颜色进行分类统计。 ＊ 两人互玩，摇转盘、转盘指针指在哪个季节，就要选择哪一季节的花卉放在转盘的背景区中。		

编　号	D27	编　者	林玲玲
名　称	哪里错了		
材　料	能找出错误的图片若干		
玩　法	＊ 找出所提供的图片上的各种错误，并能说出为什么？ ＊ 根据图片上的错误进行改错。		

大班益智区材料投放表

编　号	D28	编　者	林玲玲
名　称	小小纠错员		
材　料	各种有主题图片		
玩　法	＊ 观察图片，说说图片上所讲的内容是什么。 ＊ 找出图片中不合理的地方，并说出原因。 ＊ 把不合理的地方改过来。		

编　号	D29	编　者	林玲玲
名　称	请你仔细瞧		
材　料	具有相同和不同图形的图片		
玩　法	＊ 观察图片上的物体，说说名称和用途。 ＊ 观察 10 秒后翻开另一张图片，说说图上的哪些东西是见过的。		

编　号	D30	编　者	林玲玲
名　称	谁不见了		
材　料	各种图片和玩具		
玩　法	＊ 出示 5—7 种玩具或图片，取出其中几种，让幼儿说出其名称。 ＊ 让幼儿说出取走物的名称，外形特征。 ＊ 由一幼儿说出取走物的特征，另一幼儿猜出名称。		

大班益智区材料投放表

编　号	D31	编　者	林玲玲
名　称	摆得对又快		
材　料	几何图形、各种板块组成的图形图片		
玩　法	＊观察由各种板块组成的图形，并说说该图形像什么。 ＊把看过的图形，在规定的时间把它完全相同地摆出来。		

编　号	D32	编　者	林玲玲
名　称	排排对		
材　料	有一定排列规律的图片		
玩　法	＊选择自己喜欢的图片，观察图片上物体的排列规律，说说是什么规律。 ＊拿开看过的图片，在规定的时间把它完全相同地排出来。		

大班音乐区材料投放计划表

阶段期限	阶段目标	周次	材料准备 名称	材料准备 材料
九月份	1．对生活中的各种音响及其节奏感兴趣，乐于运用多种形式模仿和表现 2．探究自然界中各种丰富的音响，听辨其音色及不同节奏变化。 3．尝试创编相应的节奏型并选择合适的乐器表现。	1	大自然的声音	磁带《大自然的声音》，画有海陆空的背景图，雷电、风雨、动物、交通工具等插入式图片；各种乐器；节奏拼板、节奏符号
		2	动物的声音	音响磁带《动物的叫声》及相应的各种动物图片、森林背景图，节奏拼板、节奏符号
		3	有趣的动作节奏	人物不同动作的图片（走、跑、跳、睡觉、等）各种乐器、节奏拼板、四分、八分、二分、十六分音符标记等
		4	节奏小屋	画有"门铃节奏"的小房子、各种动物卡片、插入式门铃节奏卡、节奏符号等
十月份	1．对音乐欣赏活动感兴趣，乐意与同伴交流自己的感受。 2．感受几种不同特点的音乐，体验音乐表现的不同风格。 3．能运用匹配卡片、自我装扮、动作表演等多样化的方式表现自己对音乐的感受。	1	可爱的小动物	磁带《动物狂欢节》、各种动物图片、动物头饰、帽饰及服饰。
		2	水族馆	磁带《小鱼》《天鹅》等、各种水中动物卡片、装扮道具、服饰
		3	迪尼斯乐园	磁带《淘气的米奇》《唐老鸭之歌》等、米奇、唐老鸭图片、头饰、帽饰及服饰
		4	听音乐翻牌	磁带《小号手》、《小海军》《小兵》、《军队进行曲》《运动员进行曲》等，军队行进图片、军人服饰帽饰、扑克牌、四四拍节奏拼版
十一月份	1．对中国少数民族舞蹈感兴趣，乐意参与感受和学习。 2．感受几种民族舞蹈的不同风格，能看动作图谱进行自主的模仿学习。 3．积累有关几种少数民族的知识，能用自己喜欢的方式进行装扮和表演。	1	维吾尔族舞蹈（一）	维吾尔族音乐磁带《铃鼓舞》维吾尔族服饰、帽饰、铃鼓若干、《铃鼓舞》视频、维吾尔舞蹈基本动作图示（垫步动作分解图）
		2	维吾尔族舞蹈（二）	维吾尔族音乐磁带《五人新疆舞》、维吾尔族服饰、帽饰、《五人新疆舞》视频及分解动作图示
		3	藏族舞蹈（一）	藏族音乐磁带《哈达献给解放军》、藏族服饰、哈达、《哈达献给解放军》视频、藏族舞蹈基本动作图示（几种甩袖动作图示）
		4	藏族舞蹈（二）	藏族音乐磁带《藏族舞》、藏族服饰、帽子、《藏族舞》视频及动作分解图示
十二月份	1．对故事打击乐活动感兴趣，乐于与同伴合作探究学习。 2．能根据故事情节和角色的变化选择相应的节奏型和乐器制定配器方案，并尝试与同伴合作演奏。 3．初步能与同伴协作演奏。	1	一千零一个喷嚏	故事录音《一千零一个喷嚏》、及相应的故事背景图、插入式故事角色节奏拼卡、节奏符号、乐器标记、木鱼、铃鼓、大鼓、大钹等
		2	大象和小蚊子	故事录音《大象和小蚊子》及相应的故事背景图、插入式故事角色节奏拼卡、节奏符号、乐器标记、各种乐器
		3	胖胖熊和小鼠	故事录音《胖胖熊和小鼠》及相应的故事背景图、插入式故事角色节奏拼卡、节奏符号、乐器标记、各种乐器等
		4	《森林里的故事》	故事录音《森林里的故事》、及相应的故事背景图、插入式故事角色节奏拼卡、节奏符号、乐器标记、各种乐器等

大班音乐区材料投放计划表

阶段期限	阶段目标	周次	材料准备	
			名称	材料
三月份	1. 乐意参与各种节奏游戏，在活动中获得快乐。 2. 能与同伴协商各种节奏游戏的玩法，尝试创编由四分、二分、八分等音符组成的节奏型。 3. 进一步培养良好的节奏感。	1	节奏翻翻棋	节奏翻翻棋纸、画有各种节奏型的扑克牌若干幅
		2	节奏游戏棋	画有各种节奏型的游戏棋若干
		3	节奏迷宫	画有多种节奏型的各种形式的迷宫图
		4	节奏转盘	画有多种节奏符号的多层转盘。
四月份	1. 对自编自演舞蹈感兴趣，能在活动中获得成功体验。 2. 能根据不同的音乐创编与之相应的动作、造型或游戏，并与同伴合作创编、表演。 3. 培养初步的音乐表现能力和创编能力，发展动作协调性。	1	小动物的舞蹈	各种小动物的图片、动物舞蹈动作图示、各种小动物装扮道具、服饰等
		2	时装表演	磁带《健康歌》《呼啦啦》、各种时装表演造型图示、各种表演服饰、纸、布、夹子等
		3	音乐游戏创编	磁带《猫和老鼠》《狐狸和兔子》、各种动物的头饰及服饰、道具等。
		4	酷酷小童星	各种布置小舞台的道具、话筒、评分卡、笔，磁带《猫和老鼠》《狐狸和兔子》《健康歌》《呼啦啦》等、各种表演服饰
五月份	1. 能专注倾听音乐，乐意与同伴交流自己对音乐的感受。 2. 能多感官、多渠道地参与音乐欣赏活动，会听辨几种不同性质的音乐，并发挥想象，运用丰富的线条、图案、故事情节、动作造型等表达自己的感受。 3. 有初步的音乐听辨能力和想象能力。	1	听音乐画画	画板、水彩笔、磁带《小夜曲》《摇篮曲》《弯弯的小船》《进行曲》《龙卷风》、曲线、波浪线、直线等多种线条模版
		2	听音乐编故事	磁带《大象与小鸟》《狐狸和兔子》《猫和老鼠》、立体故事背景、各种动物图片、录音机、空磁带等
		3	听音乐指挥	磁带《卡门序曲》《水仙花圆舞曲》、录音机、自制指挥棒、四二拍、四三拍、四四拍的基本指挥方法示意图等等。
		4	听音乐即兴舞蹈	磁带《欢庆锣鼓》《过新年》《元宵乐》等，各种装扮道具、服饰
六月份	1. 继续持有对民族舞蹈的兴趣，能在自由自在的舞蹈中获得满足感。 2. 能认真观察视频和图示中的舞蹈动作，发现几种民族舞蹈及其舞曲的不同特点，能运用已有的一些舞蹈经验随音乐大胆表演。 3. 培养初步的音乐表现能力。	1	秧歌舞（一）	汉族音乐磁带《大红绸带飘起来》《娃娃乐》，红绸带若干、绸扇等，《大红绸带飘起来》视频及动作分解图。
		2	秧歌舞（二）	汉族音乐磁带《娃娃乐》，汉族服饰、大头娃娃等，《娃娃乐》视频及动作分解图示
		3	傣族舞蹈（一）	磁带《金孔雀》、孔雀裙及头饰、《金孔雀》视频及动作分解图示
		4	傣族舞蹈（二）	磁带《泼水节》傣族服饰，《泼水节》视频及动作分解图示

大班音乐区材料玩法表

编　号	D01	编　者	林晖燕
名　称	美妙的声音		
材　料	磁带《大自然的声音》，画有海陆空的背景图，雷电、风雨、交通工具等插入式图片；各种乐器；节奏拼板、节奏符号		
玩　法	＊ 听辨各种大自然的声音，判断并选择相应的图片。 ＊ 将图片粘贴在背景图中海陆空相应的位置上。 ＊ 听辨各种大自然的声音，选择相应的乐器模拟表现。 ＊ 听辨各种大自然的声音，感知其节奏并在节奏拼板上拼出其声音节奏型。		

编　号	D02	编　者	林晖燕
名　称	动物的声音		
材　料	音响磁带《动物的叫声》及相应的各种动物图片、森林背景图，节奏拼板、节奏符号		
玩　法	＊ 听辨各动物的声音，判断并选择相应的动物图片。 ＊ 将图片粘贴在森林背景图中相应的位置上。 ＊ 选择相应的乐器模拟表现各种动物的声音。 ＊ 在节奏拼板上拼出各种动物的声音节奏型。		

编　号	D03	编　者	林晖燕
名　称	有趣的动作节奏		
材　料	人物不同动作的图片（走、跑、跳、睡觉、等）各种乐器、节奏拼板、四分、八分、二分、十六分音符标记等		
玩　法	＊ 分辨四分、八分、二分、十六分音符标记，尝试用乐器表现其不同时值。 ＊ 观察不同动作的图片，选择相应时值的音符标记并拼出相应的节奏型。		

大班音乐区材料玩法表

编 号	D04	编 者	林晖燕
名 称	节奏小屋		
材 料	画有"门铃节奏"的小房子、各种动物卡片、插入式节奏卡、节奏符号等		
玩 法	* 装门铃：在各种小房子上贴上动物图片，根据不同动物的叫声拼贴相应的节奏型。 * 按门铃：观察小房子上的动物图片和节奏型，并用小动物的叫声表现其节奏。		

编 号	D05	编 者	林晖燕
名 称	可爱的小动物		
材 料	磁带《动物狂欢节》、各种动物图片、动物头饰、帽饰及服饰		
玩 法	* 感受《动物狂欢节》中的各种音乐形象，根据自己的感受选择相应的头饰和服饰进行装扮。 * 根据自己的感受模仿各种动物的动作随音乐自由表演。		

编 号	D06	编 者	林晖燕
名 称	水族馆		
材 料	磁带《小鱼》《天鹅》等、各种动物卡片、各种扮道具、服饰		
玩 法	* 感受《水族馆》中的各种音乐形象，根据自己的感受选择相应的头饰和服饰进行装扮。 * 根据自己的感受模仿各种动物的动作随音乐自由表演。		

大班音乐区材料玩法表

编 号	D07	编 者	林晖燕
名 称	迪尼斯乐园		
材 料	磁带《淘气的米奇》《唐老鸭之歌》、歌曲图谱、米奇、唐老鸭等头饰、服饰		
玩 法	＊ 学习根据歌曲图谱随录音自主学唱歌曲《淘气的米奇》《唐老鸭之歌》。 ＊ 选择相应的头饰和服饰将自己装扮成米奇和唐老鸭。 ＊ 创编各种米奇和唐老鸭的动作随音乐自由表演。		

编 号	D08	编 者	林晖燕
名 称	听音乐翻牌		
材 料	磁带《小号手》、《小海军》《小兵》、《军队进行曲》《运动员进行曲》等，军队行进图片、军人服饰帽饰、扑克牌、四四拍节奏拼版		
玩 法	＊ 感知进行曲的音乐风格，尝试随音乐的节奏出牌，将扑克牌按照四个一组的规律在四四拍节奏拼版上排列，表现进行曲的节拍特点。 ＊ 玩翻牌游戏：幼儿轮流在每组扑克中翻牌。 　（1）翻开的扑克表示空拍，跟随进行曲音乐拍出其节奏型。如：哒空哒哒　空哒哒哒。 　（2）辨别四四拍的强弱特点，边听音乐边在强拍处翻扑克牌　。		

编 号	D09	编 者	林晖燕
名 称	维吾尔族舞蹈（一）		
材 料	维吾尔族音乐磁带《铃鼓舞》维吾尔族服饰、帽饰、铃鼓若干、《铃鼓舞》视频、维吾尔族舞蹈基本动作图示（垫步动作分解图）		
玩 法	＊ 观看维吾尔族舞蹈 VCD，感知其舞蹈风格及主要动作特点。 ＊ 选取相应的维吾尔族服饰图片和道具图片在匹配板上进行匹配。		

大班音乐区材料玩法表

编　号	D10	编　者	林晖燕
名　称	维吾尔族舞蹈（二）		
材　料	维吾尔族音乐磁带《五人新疆舞》、维吾尔族服饰、帽饰、《五人新疆舞》视频及分解动作图示		
玩　法	＊ 观察维吾尔族舞蹈基本动作图示，探索维吾尔族舞蹈的基本动作。 ＊ 边看 VCD 边选择相应的维吾尔族服饰进行装扮，选择相应的道具进行表演。		

编　号	D11	编　者	林晖燕
名　称	藏族舞蹈（一）		
材　料	藏族音乐磁带《哈达献给解放军》、藏族服饰、甩袖、哈达、《哈达献给解放军》视频、藏族舞蹈基本动作图示（几种甩袖动作图示）		
玩　法	＊ 观看藏族舞蹈 VCD，感知其舞蹈风格及主要动作特点。 ＊ 选取相应的藏族服饰图片和道具图片在匹配板上进行匹配。		

编　号	D12	编　者	林晖燕
名　称	藏族舞蹈（二）		
材　料	藏族音乐磁带《藏族舞》、藏族服饰、帽子、《藏族舞》视频及动作分解图示		
玩　法	＊ 观察藏族舞蹈基本动作图示，探索其基本动作。 ＊ 边看 VCD 边选择相应的藏族服饰进行装扮，选择相应的道具进行表演。		

大班音乐区材料玩法表

编　号	D13	编　者	林晖燕
名　称	\多列2 故事打击乐《一千零一个喷嚏》		
材　料	故事录音《一千零一个喷嚏》及相应的故事背景图、插入式故事角色节奏拼卡、节奏符号、各种乐器等		
玩　法	＊听故事录音，找出相应的插入式故事角色节奏拼卡贴在背景上。 ＊根据故事情节在故事角色节奏拼卡上编出相应的节奏。 ＊装扮成故事中的角色表演，用身体动作表现出不同动物的节奏。		

编　号	D14	编　者	林晖燕
名　称	故事打击乐《大象和蚊子》		
材　料	故事录音《大象和蚊子》及相应的故事背景图、插入式故事角色节奏拼卡、节奏符号、各种乐器等		
玩　法	＊听故事录音，找出相应的插入式故事角色节奏拼卡贴在背景上。 ＊根据故事情节在故事角色节奏拼卡上编出相应的节奏。 ＊选择合适的乐器表现不同角色的形象。 ＊装扮成故事中的角色表演，用身体动作表现出不同动物的节奏。		

编　号	D15	编　者	林晖燕
名　称	故事打击乐《胖胖熊和小鼠》		
材　料	故事录音《胖胖熊和小鼠》及相应的故事背景图、插入式故事角色节奏拼卡、节奏符号、各种乐器等		
玩　法	＊听故事录音，找出相应的插入式故事角色节奏拼卡贴在背景上。 ＊根据故事情节在故事角色节奏拼卡上编出相应的节奏。 ＊选择合适的乐器表现不同角色的形象，然后随故事录音看节奏卡演奏。 ＊装扮成故事中的角色表演，用身体动作表现出不同动物的节奏。		

大班音乐区材料玩法表

编　号	D16	编　者	林晖燕
名　称	\ 故事打击乐《森林里的故事》		
材　料	故事录音《森林里的故事》及相应的故事背景图、插入式故事角色节奏拼卡、节奏符号、各种乐器等		
玩　法	＊ 听故事录音，找出相应的插入式故事角色节奏拼卡贴在背景上。 ＊ 根据故事情节在故事角色节奏拼卡上编出相应的节奏。 ＊ 选择合适的乐器表现不同角色的形象，然后随故事录音看节奏卡演奏。 ＊ 装扮成故事中的角色表演，用身体动作表现出不同动物的节奏。		

编　号	D17	编　者	林晖燕
名　称	节奏翻翻棋		
材　料	节奏翻翻棋纸、画有各种节奏型的扑克牌若干幅		
玩　法	＊ 两人一组，石头剪刀布决出胜负，胜者翻开一牌考负者。 ＊ 负者看节奏牌拍节奏，对了往前走一步棋子，错了退一步。		

编　号	D18	编　者	林晖燕
名　称	节奏游戏棋		
材　料	画有各种节奏型的游戏棋若干		
玩　法	＊ 四人一组，各执一棋子，摇骰子决出先后，并根据骰子上的点数走棋。 ＊ 根据棋子上的节奏和乐器标记选择相应的乐器击奏，对了可往前走，错了后退一步。		

大班音乐区材料玩法表

编　号	D19	编　者	林晖燕
名　称	节奏迷宫		
材　料	画有多种节奏型的各种形式的迷宫图		
玩　法	＊ 两名幼儿各执一棋子，观察迷宫图并尝试走迷宫。 ＊ 观察迷宫关卡的节奏型，并拍出其节奏，对者可往前走，错者不能过关，但可请求帮助。		

编　号	D20	编　者	林晖燕
名　称	节奏转盘		
材　料	画有多种节奏符号的多层转盘。		
玩　法	＊ 两人一组，石头剪刀布决出胜负，胜者摇动转盘，摇出一节奏型考负方。 ＊ 负者看节奏栏拍节奏，对了当胜方继续摇动转盘，错了当负方当背考者。		

编　号	D21	编　者	林晖燕
名　称	小动物的舞蹈		
材　料	各种小动物的图片、动物舞蹈动作图示、各种小动物装扮道具、服饰等		
玩　法	＊ 观察各种动物舞蹈动作图示，尝试模仿学习。 ＊ 尝试创编出不同动物的舞蹈动作。 ＊ 尝试与同伴合作创编不同动物的舞蹈动作并串联成小舞蹈。		

大班音乐区材料玩法表

编　号	D22	编　者	林晖燕
名　称	时装表演		
材　料	磁带《健康歌》《呼啦啦》、各种时装表演造型图示、各种表演服饰、纸、布、夹子等		
玩　法	＊ 选择自己喜欢的服饰进行装扮。 ＊ 尝试跟随节奏分明的音乐走时装步进行时装表演。 ＊ 尝试运用各种纸、布、夹子等自制时装并进行装扮，然后随音乐节奏表演。		

编　号	D23	编　者	林晖燕
名　称	音乐游戏创编		
材　料	磁带《猫和老鼠》《狐狸和兔子》等、各种动物的头饰及服饰、道具等		
玩　法	＊ 感受不同性质的音乐并产生联想，创编简单的游戏情节。 ＊ 根据自己对音乐的理解和想象创编各种游戏表演动作。 ＊ 选择合适的服饰和道具装扮，分角色进行游戏。		

编　号	D24	编　者	林晖燕
名　称	酷酷小童星		
材　料	各种布置小舞台的道具、话筒、评分卡、笔，磁带《猫和老鼠》《狐狸和兔子》、《健康歌》《呼啦啦》等、各种表演服饰		
玩　法	＊ 布置小舞台，推选小评委、小演员及评分标准等。 ＊ 小演员自选一个节目参赛，小评委当场亮分。 ＊ 选出酷酷小童星并为其披上绶带。		

大班音乐区材料玩法表

编 号	D25	编 者	林晖燕
名 称	听音乐画画		
材 料	纸、笔、磁带《小夜曲》、《摇篮曲》、《弯弯的小船》《进行曲》《龙卷风》等		
玩 法	* 欣赏音乐，感受音乐的不同性质并与同伴交流自己的感受。 * 尝试用不同的线条、图案表达自己对音乐的感受。		

编 号	D26	编 者	林晖燕
名 称	听音乐编故事		
材 料	磁带《大象与小鸟》、《狐狸和兔子》《猫和老鼠》、背景图、各种动物图片，录音机、空磁带等		
玩 法	* 感受不同的音乐，与同伴交流自己对音乐的感受。 * 根据自己对音乐的感受编简单的故事情节，并在背景图上操作讲述。 * 用录音机录下自己编的故事，与同伴分享。		

编 号	D27	编 者	林晖燕
名 称	听音乐指挥		
材 料	磁带《卡门序曲》《水仙花圆舞曲》录音机、自制指挥棒、四二拍、四三拍、四四拍的基本指挥方法示意图等		
玩 法	* 感受不同节拍的音乐，与同伴交流自己对音乐的感受。 * 探索四二拍、四三拍、四四拍的指挥示意图，自主学习四二拍、四三拍、四四拍的基本指挥方法。 * 尝试随不同节拍的音乐指挥。		

大班音乐区材料玩法表

编　号	D28	编　者	林晖燕
名　称			听音乐即兴舞蹈
材　料			磁带《欢庆锣鼓》、《过新年》《元宵乐》、彩带、花束、锣鼓等道具，各种装扮服饰、元宵节表演活动图片
玩　法			＊ 感知不同音乐的明显特征，幼儿根据自己的感受选择相应的服饰、道具装扮。 ＊ 随音乐即兴创编"闹元宵""赏灯""舞龙"等舞蹈动作。

编　号	D29	编　者	林晖燕
名　称			秧歌舞（一）
材　料			汉族音乐磁带《大红绸带飘起来》、《娃娃乐》，红绸带若干、绸扇等，VCD 机、VCD《民族舞蹈》
玩　法			＊ 观看汉族秧歌舞蹈 VCD，感知其舞蹈风格及主要动作特点。 ＊ 选取相应的汉族服饰图片和道具图片在匹配板上进行匹配。

编　号	D30	编　者	林晖燕
名　称			秧歌舞（二）
材　料			汉族音乐磁带《大红绸带飘起来》、《娃娃乐》，红绸带若干、绸扇等，VCD 机、VCD《民族舞蹈》、秧歌舞蹈基本动作图示
玩　法			＊ 观察秧歌舞蹈基本动作图示，探索汉族舞蹈的基本动作。 ＊ 边看 VCD 边选择相应的汉族服饰进行装扮，选择相应的道具进行表演。

大班音乐区材料玩法表

编　号	D31	编　者	林晖燕
名　称	傣族舞蹈（一）		
材　料	磁带《金孔雀》、孔雀裙及头饰等，VCD机、VCD《民族舞蹈》		
玩　法	＊观看傣族舞蹈VCD，感知其舞蹈风格及主要动作特点。 ＊选取相应的傣族服饰图片和道具图片在匹配板上进行匹配。		

编　号	D32	编　者	林晖燕
名　称	傣族舞蹈（二）		
材　料	磁带《金孔雀》、孔雀裙及头饰等，VCD机、VCD《民族舞蹈》、傣族舞蹈基本动作图示。		
玩　法	＊观察傣族舞蹈基本动作图示，探索傣族舞蹈的基本动作。 ＊边看VCD边选择相应的傣族服饰进行装扮，选择相应的道具进行表演。		

大班语言区材料投放计划表

阶段期限	阶段目标	周次	材料准备 名称	材料准备 材料
九月份	1．对讲述活动感受兴趣，喜欢与伙伴一起游戏。 2．能借助图片发挥想象，运用较丰富的词汇连贯、完整地进行讲述。 3．在倾听同伴讲述中，能掌握一定信息。	1	摇骰子讲述	贴上有种图片的骰子
		2	抽牌讲述	贴有各种人物角色、景物等的扑克牌等
		3	会动的图书	长条硬纸板、笔、玩具电视
		4	语言棋大比拼	绘制图案的语言棋
十月份	1．乐意与同伴交流所见所闻，大方地在同伴面前讲述自己的经历。 2．能运用常用的词汇连贯、完整的语句讲述自己的见闻或经历的事情。 3．会关心周围发生的事情，积极参与资料的收集并布置讲述专栏。	1	祖国的生日	收集有关国庆节的各种宣传材料、活动广告、照片等布置成专栏
		2	能干的导游	收集各种幼儿或家长到各地旅游的照片、各种图片
		3	小小广告员	专栏板、各种广告图片、彩笔、纸、幼儿收集的各种食物的袋子或盒子、录有广告的VCD。
		4	新闻播报员	玩具电视机、话筒玩具，与幼儿一同收集各种新闻剪报
十一月份	1．对文学作品感兴趣。 2．能尝试运用各种表演手段表达对故事的理解和感受。	1	桌面表演	桌面立体背景，动物、人物玩偶
		2	木偶表演	《骄傲的大公鸡》、《猪八戒吃西瓜》等故事中角色的木偶道具，木偶架
		3	服饰表演	《狐狸和兔子》、《包公审石头》等故事中角色的服饰、头饰及花、树、门、围墙等道具
		4	皮影表演	《白雪公主》、《小公鸡学吹喇叭》等故事中角色的皮影道具，皮影架等
十二月份	1．乐意参与创造性讲述。 2．能凭借实物、图片、文字作品展开想象，较合理地创编简单的故事情节。 3．大胆发挥想象，态度大方地在同伴面前讲述。	1	剪贴组图	各种废旧的图书、图画纸、固体胶、剪刀、空白内容的小图册
		2	看字编故事	配有图案的汉字卡片
		3	看作品编故事	幼儿绘画的作品、专栏板等
		4	幻灯片讲述	画有人物、景物、动物的幻灯片、幻灯机等

大班语言区阶段目标与材料提供

阶段期限	阶段目标	周次	材料准备 名称	材料准备 材料
二、三月份	1. 乐意向同伴表达自己对词汇的理解。 2. 丰富各种词汇，能运用所掌握的各种词汇进行有趣的游戏。 3. 发展思维的敏捷性及联想思维的发展。	1	词汇接龙	内容相反的各种图片（如：有关大小、高矮、宽窄等实物图片）
		2	滴画讲述	幻灯机、浓度高的各色墨水、图画纸、水彩笔、针管、棉花等
		3	你说我猜	各种常见实物卡片
		4	你比我猜	图画纸、彩笔
四月份	1. 喜欢参与讲述活动。 2. 能凭借图片、几何图形等在拼、摆、说、玩中围绕主题及事件的顺序展开想象，较合理地创编简单的故事情节。 3. 能充分发挥自己的想象，大胆地在同伴面前讲述。	1	拼图讲故事	各种图样（动物、植物、人、车辆等）
		2	续编故事	《猫医生过河》《动物出租公司》《救救小猫》等故事图片、各种与故事相关的故事人物相卡片、道具图片、背景图
		3	排图讲述	事件顺序图或旧图书、自制的画报、胶水、排序单等
		4	动画片情节讲述	幼儿较熟悉的几部动画片VCD并制作成课件、动画片角色头饰、相应的背景图或背景箱等
五月份	1. 喜欢阅读自己制作的图书，乐意与同伴交流图书的内容。 2. 能生动形象地讲述图书的主要内容，掌握正确的阅读方法。 3. 爱护图书，轻拿轻放，能主动修补图书。	1	组装图书	书页、范例、报告夹、铁夹
		2	制作小图书	自制小图书，其中某页留有空白、破旧图书、相片、图画书、剪刀、订书机、水彩笔。
		3	毛线讲述	各种颜色、长短不一的毛线、贴绒板
		4	画画讲讲	自制图书，其中某页留出空白，彩笔
六月份	1. 喜欢汉字游戏。 2. 感知汉字的基本结构，认识田字格。 3. 通过各种形式，尝试辨认简单的汉字。 4. 通过认识汉字，提高幼儿的早期阅读能力和讲述能力	1	拼拼名字、找找姓氏	田字格，汉字部首
		2	毛笔的故事	毛笔、墨水、宣纸、范例、临字帖
		3	有趣的拼字游戏	田字格，汉字卡及相对应的部首。
		4	词语开花	花蕊，花瓣上各贴上汉字，各种相配套的汉字词语卡片。

大班语言区材料玩法表

编 号	D01	编 者	黄晓军、谢晓虹
名 称	摇骰子讲述		
材 料	贴有各种图片的骰子		
玩 法	* 两人或多人一起游戏，将骰子分别摇出时间、地点、角色、事件等几个画面，再根据这些画面讲一句话完整的话。 * 轮流摇骰子并讲述一个故事。可通过同伴间的比赛，比比谁讲得好，激发幼儿讲述的兴趣和愿望。 * 骰子接龙：每人4个骰子按顺序投出若干面并根据图片进行故事接龙。		

编 号	D02	编 者	黄晓军、谢晓虹
名 称	抽牌讲述		
材 料	贴有各种人物角色、景物等的扑克牌等。		
玩 法	* 两人分别拿数量相等的扑克牌，其中一人拿贴有角色的扑克牌，另一人拿贴有景物的扑克牌。游戏开始时，各抽出一张牌放在桌上，并就两张扑克牌的内容讲一句完整的话。 * 各出若干图片接龙并根据图片接龙情况创编故事。 * 方法同上，根据抽出的两张或若干张扑克牌创编故事。		

编 号	D03	编 者	黄晓军、谢晓虹
名 称	会动的图书		
材 料	滚动式故事图片若干，玩具电视机，长条形白板纸，彩笔		
玩 法	* 通过抽拉故事图片操作"电视"，并根据"电视"中出现的画面进行讲述。 * 根据故事书的内容在长条形白板纸上绘制故事图片，进行播放和讲述。 * 与同伴创编故事并绘制成活动故事片进行播放、讲述。		

大班语言区材料玩法表

编 号	D04	编 者	黄晓军、谢晓虹
名 称	语言棋大比拼		
材 料	绘制图案的语言棋、骰子		
玩 法	* 结伴轮流摇骰子走语言棋，根据所走到的图案进行创编讲述。 * 绘制语言棋，并进行讲述活动。		

编 号	D05	编 者	黄晓军、谢晓虹
名 称	祖国的生日		
材 料	收集有关国庆节的各种宣传材料、活动广告、报纸、照片等布置成专栏。		
玩 法	* 与同伴交流自己收集到的国庆节的有关材料，讲述自己的的国庆见闻。 * 将宣传材料、广告、照片整理，编辑成册 并播报国庆节的新闻。		

编 号	D06	编 者	黄晓军、谢晓虹
名 称	能干的导游		
材 料	收集各种幼儿或家长到各地旅游的照片，各种旅游有关图片		
玩 法	* 师幼共同将收集到的旅游材料布置在专栏板上，边布置边交流自己的收集心得或感受。 * 自由选择"导游"或"旅游者"的身份进行活动。导游用连贯、完整的语言向旅游者介绍照片、图片上的内容。 * 根据已有的旅游知识，与同伴讨论绘制旅游地图并讲述。		

大班语言区材料玩法表

编　号	D07	编　者	黄晓军、谢晓虹
名　称			小小广告员
材　料	专栏板、各种广告图片、彩笔、图画纸、幼儿收集的各种食品袋子或盒子、录有广告的 VCD。		
玩　法	* 师幼共同将收集到的各种广告宣传材料布置在专栏板上，边布置边交流对广告的认识。 * 观察广告宣传材料，听听看看电视广告，说说广告的内容，找出广告的共性。 * 为自己喜欢的产品设计广告词和画面。		

编　号	D08	编　者	黄晓军、谢晓虹
名　称	新闻播报员		
材　料	玩具电视机、话筒玩具，与幼儿一同收集各种新闻剪报		
玩　法	* 交流收集的新闻剪报，了解新闻播报的形式，体验分享的乐趣。 * 模仿电视中的新闻播报。播报时能讲清新闻的时间、地点、发生的事情。		

编　号	D09	编　者	黄晓军、谢晓虹
名　称	桌面表演		
材　料	桌面立体背景，动物、人物玩偶		
玩　法	* 自由选择玩偶，根据故事情节在桌面背景上进行表演。 * 根据熟悉的故事，创编故事情节，并进行桌面表演。 * 根据玩偶，创编故事进行表演。		

大班语言区材料玩法表

编　号	D10	编　者	黄晓军、谢晓虹
名　称	木偶表演		
材　料	《骄傲的大公鸡》、《猪八戒吃西瓜》等故事中角色的木偶道具，木偶架		
玩　法	＊操作木偶进行故事表演。 ＊创编故事进行表演。 ＊尝试制作简单的木偶道具或角色道具并进行表演。		

编　号	D11	编　者	黄晓军、谢晓虹
名　称	服饰表演		
材　料	《狐狸和兔子》、《包公审石头》等故事中角色的服饰、头饰及花、树、门、围墙等道具，纱巾、花环等材料		
玩　法	＊利用提供的服饰、头饰装扮自己，进行故事表演。 ＊创编故事情节进行表演。 ＊自制服饰、自己装扮进行表演。		

编　号	D12	编　者	黄晓军、谢晓虹
名　称	皮影表演		
材　料	《白雪公主》、《小公鸡学吹喇叭》等故事中角色的皮影道具，皮影架等		
玩　法	＊操作皮影材料，根据故事进行表演。 ＊自编故事情节进行表演。 ＊制作皮影角色道具并表演。		

大班语言区材料玩法表

编　号	D13	编　者	黄晓军、谢晓虹
名　称	剪贴组图		
材　料	各种废旧的图书、图画纸、固体胶、剪刀、空白内容的小图册		
玩　法	＊ 在废旧图书中选择自己需要的图案剪贴、组合在图画纸上，进行创编讲述。 ＊ 边剪贴组图，边用绘制的形式制作小图书，并进行讲述活动。 ＊ 与同伴共同选择剪贴的内容和图案，进行组合并进行讲述。		

编　号	D14	编　者	黄晓军、谢晓虹
名　称	看字编故事		
材　料	配有图案的汉字卡片		
玩　法	＊ 根据图案结合汉字进行故事讲述。 ＊ 与同伴自由结伴从翻盖着的汉字卡片中随意抽出一张或几张卡片，根据汉字编讲故事。 ＊ 将汉字卡片排放成花或其他图形，并根据这些图形串编讲故事。		

编　号	D15	编　者	黄晓军、谢晓虹
名　称	看作品编故事		
材　料	幼儿绘画的作品、专栏板等		
玩　法	＊ 与同伴交流对自己或同伴作品的评价。 ＊ 发挥想象，用完整、形象的语言讲述自己或他人的作品。 ＊ 观赏作品根据作品内容创编故事。		

大班语言区材料玩法表

编 号	D16	编 者	黄晓军、谢晓虹
名 称	幻灯片讲述		
材 料	画有人物、景物、动物的幻灯图片、幻灯机等		
玩 法	* 操作幻灯片，能完整、连贯地讲述图片故事。 * 操作幻灯图片讲述，讲述时能用描述性语言讲出作品的主要内容并讲出作品中角色的心理活动。 * 自制幻灯图片并进行讲述活动。		

编 号	D17	编 者	黄竞瑜、谢晓虹
名 称	词语接龙		
材 料	内容相反的各种图片等		
玩 法	* 一幼儿出牌，并说出图片上物体的特征，另一幼儿要找出相反的图片并说出物体的特征。两人所讲的必须是一组反义词，若答对就可连接成火车。（如：高的树、矮的树） * 幼儿翻卡片，根据卡片上的物体说一个词，接着由另一幼儿说一个词，所说词的前一个字要与前一幼儿说的词的后一个字的字音相同。（如：幼儿园——园长——长大）		

编 号	D18	编 者	黄竞瑜、谢晓虹
名 称	滴画讲述		
材 料	幻灯机、浓度高的各色彩色墨水、图画纸、水彩笔、针管、棉花等		
玩 法	* 用针管将彩色墨水滴在幻灯机上，将其放大并投放到白板上。 * 让幼儿仔细看这些有趣的画，通过自己的想象把画的内容与周围同伴交流。		

大班语言区材料玩法表

编　号	D19	编　者	黄竞瑜、谢晓虹
名　称	你说我猜		
材　料	常见实物图片		
玩　法	＊ 由一幼儿翻卡片并用适当的形容词来描述卡片上物体的特征，其他幼儿猜名称，若猜对就可得此卡片，最后谁手中的卡片最多就可充当翻卡者，其他人继续猜。		

编　号	D20	编　者	黄竞瑜、谢晓虹
名　称	你比我猜		
材　料	图画纸、彩笔		
玩　法	＊ 两人一组，一位幼儿比动作，另一位幼儿用词描述。 ＊ 用简变笔画画出各种动态并用词组描述。		

编　号	D21	编　者	黄竞瑜
名　称	拼图讲故事		
材　料	七巧板、几何图形、彩色卡纸、背景图等		
玩　法	＊ 用几何图形在背景图上摆出各种图案，并根据图案讲述故事。 ＊ 在纸上画出不同的背景，用彩纸剪出各种图形，然后粘贴在背景图上自编故事情节。		

大班语言区材料玩法表

编　号	D22	编　者	黄竞瑜、谢晓虹
名　称		续编故事	
材　料	*《猫医生过河》《动物出租公司》《救救小猫》等故事图片、各种与故事相关的故事人物卡片、背景图		
玩　法	* 理解故事内容，分析故事线索，并展开想象到续编故事结尾。 * 能借助道具想象出各种故事结尾，帮助故事人物解决难题。 * 运用完整、连贯的语言，生动形象的词汇将故事完整讲述，并将其录音，欣赏谁讲的故事最好听。		

编　号	D23	编　者	黄竞瑜、谢晓虹
名　称		排图讲述	
材　料	事件顺序图或旧图书、自制的画报、胶水、排序单等		
玩　法	* 将几幅相关的图片摆在排序单上，根据图片顺序讲述故事。 * 从旧图书上剪下各种图案，自制成小图片，自由摆图片讲故事。		

编　号	D24	编　者	黄竞瑜
名　称		动画大王	
材　料	幼儿较熟悉的几部动画片 VCD 并制作成课件、动画片角色头饰的图片或玩具、相应的背景图等		
玩　法	* 欣赏动画片课件，与同伴讨论最喜欢哪部动画片中最有趣的是什么？并运用形容词和动词讲述。 * 剪贴动画人物，在背景图上进行组合拼贴，自编动画片情节进行讲述。 * 幼儿自由装饰、表演自己喜欢的动画片的角色。		

大班语言区材料玩法表

编　号	D25	编　者	黄晓军、谢晓虹
名　称	组装图书		
材　料	书页、范例、报告夹、铁夹等		
玩　法	* 将照片根据一定的方法张贴、装订成册，与同伴交流自己的成长照和全家福。 * 将这些照片按年龄段或事件等其他方法分类，并编成故事。		

编　号	D26	编　者	黄晓军、谢晓虹
名　称	制作小图书		
材　料	自制图书，（其中某页留出空白），破旧图书、相片图画纸，剪刀，订书机，彩笔		
玩　法	* 幼儿根据书本范例，敬爱能够书页有序排列、组合，并用夹子进行组装。 * 将排列好的书页使用报告夹或者滑竿进行组装。 * 制作新图书，并创编故事。		

编　号	D27	编　者	黄晓军、谢晓虹
名　称	毛线讲述		
材　料	各种颜色、长短不一的毛线，贴绒板		
玩　法	* 操作一条毛线形成线条图，启发幼儿对自己的线条图展开想象和讲述。 * 操作多条毛线形成图案，尝试运用编构故事的经验将线条图变成一个较为完整的故事。 * 与同伴的线条图进行组合，共同想象，编构完整的故事。		

大班语言区材料玩法表

编 号	D28	编 者	黄晓军、谢晓虹
名 称	好书我来荐		
材 料	《阅读树》汇本、录音机、荐书榜		
玩 法	＊ 投放《阅读树》绘本，让幼儿自由翻阅。 ＊ 播放绘本录音，引导幼儿边倾听边阅读。 ＊ 幼儿评选出自己最喜欢的绘本，并介绍讲述给同伴、老师听。		

编 号	D29	编 者	黄晓军、谢晓虹
名 称	拼拼名字 、找找姓氏		
材 料	汉字偏旁、部首		
玩 法	＊ 将班上同姓的名字找出来，并贴在分类板里，并进行统计。 ＊ 寻找自己姓名的偏旁、部首并组合成同伴的姓名。 ＊ 寻找同伴姓名的偏旁、部首进行组合，比比谁认得字多。		

编 号	D30	编 者	黄晓军、谢晓虹
名 称	毛笔的故事		
材 料	毛笔、墨水部、宣纸、范例、临字帖		
玩 法	＊ 学习正确握笔，用毛笔练习"点、横、竖、撇、捺"的尝试。 ＊ 试用毛笔作基本线条的练习。 ＊ 尝试临摹简单的汉字。		

大班语言区材料玩法表

编 号	D31	编 者	黄晓军、谢晓虹
名 称	有趣的拼字游戏		
材 料	田字格，汉字卡及相对应的部首		
玩 法	＊ 认识相应的田字格和汉字，了解田字格和汉字的结构。 ＊ 根据汉字卡片，选择相应的偏旁不动手摆放在田字格中。 ＊ 选择偏旁部首，在田字格中组合、摆放自己认识的汉字。		

编 号	D32	编 者	黄晓军、谢晓虹
名 称	词语开花		
材 料	花蕊，花瓣上各贴上汉字，各种相配套的汉字词语卡片		
玩 法	＊ 根据花蕊上的汉字，寻找可以与之组成词的花瓣，插在花蕊上，并读出词组。以找到的花瓣多者为胜。 ＊ 与同伴共同设计花蕊、花瓣上的汉字，并组成词组。 ＊ 以小组进行词语开花竞赛，词语多者为胜。		

幼儿园区域材料投放

数学区

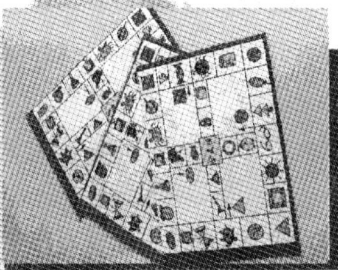

科学区

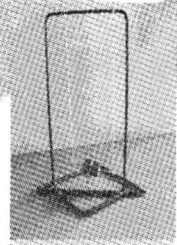

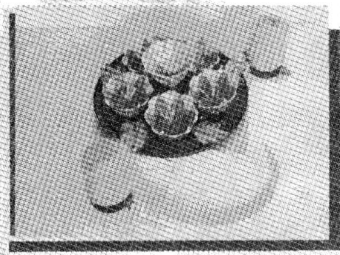

结构区

美工区

语言区

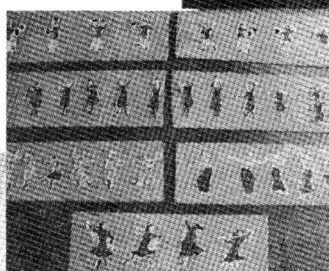

音乐区

区域环境区

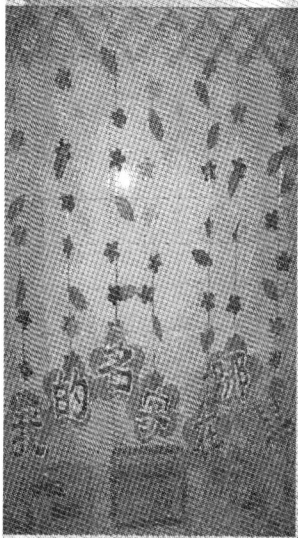

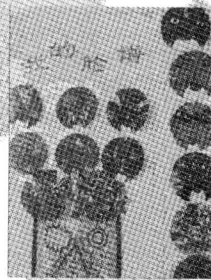